Warum Kinder Grenzen brauchen

... und wie Eltern sie setzen können

Inhalt

4 Grenzen geben Halt und Orientierung
■ So fest wie nötig, so flexibel wie möglich

12 Familienregeln müssen passen
■ Jedes Kind ist anders und Eltern sind es auch

15 Grenzen setzen – aber wie?
■ Absprachen: keine Garantie, aber ein Anfang

18 Kinder lernen aus den Folgen
■ Fernsehverbot, Hausarrest & Co.

24 Die besten Regeln wachsen mit
■ Auch die Verhandlungsmasse wird immer größer

32 Ausnahmen bestätigen die Regel
■ Kinder verändern sich, Situationen sind verschieden

34 Auf das Wie kommt es an
■ Ein ruhiges Wort wirkt Wunder

37 Wie viel Einigkeit muss sein?
■ So viel wie möglich, aber nicht mehr als nötig

44 »Möchtest du vielleicht deine Zähne putzen?«
■ Oder warum die Beziehung zwischen Eltern und Kindern nicht immer demokratisch sein kann

50 Typische Konfliktherde
■ Stress am Morgen, Zoff am Abend: immer wieder dasselbe

58 Service

60 Impressum

Liebe Leserinnen und Leser,

■ um in unsere Welt hineinzuwachsen, brauchen Kinder Freiräume, in denen sie sich entfalten können, aber auch Grenzen, die ihnen Halt und Orientierung bieten. In der Familie die Richtung vorzugeben, verlässliche Regeln zu formulieren und konsequent zu bleiben, ist deshalb eine unserer wichtigsten Aufgaben als Eltern. Das Grenzen setzen fällt uns jedoch nicht immer leicht, denn die Auseinandersetzungen mit unseren Kindern kosten viel Geduld, Kraft und Ausdauer.

Wer diese Anstrengung scheut, tut sich und seinem Kind keinen Gefallen. Denn Kinder brauchen klare Vorgaben, um sich geborgen zu fühlen und Schritt für Schritt Verantwortung übernehmen zu können. Wenn sie diesen Halt nicht spüren, müssen sie ihre Grenzen permanent austesten, was zu noch mehr Streit und Konflikten führt.

Mit diesem Buch möchten wir Sie dazu ermutigen, Ihre individuellen Familienregeln zu bestimmen, und Ihnen zeigen, wie Sie diese freundlich, klar und bestimmt durchsetzen können: Zu welchem Alter passen welche Grenzen? Was tun, wenn mein Kind die Regeln verletzt? Was bedeutet eigentlich Konsequenz? Wie kommen meine Botschaften besser an? Müssen sich Vater und Mutter immer einig sein? Dieses Buch soll Sie dabei unterstützen, in der Erziehung ihre eigene Linie zu verfolgen und gemeinsam mit ihrem Kind Wege zu einem entspannten und harmonischen Familienleben zu finden.

Julia Ubbelohde
Julia Ubbelohde
Redaktion mobile

Grenzen geben Halt und Orientierung
So fest wie nötig, so flexibel wie möglich

Wir respektieren die Wünsche der Kinder, indem wir ihnen Grenzen aufzeigen.

■ Kurze spitze Schreie dringen aus der Küche, da wird geprustet, gegiggelt und gejuchzt. Dazwischen rauscht laut und vernehmlich der Wasserhahn. Der Mutter schwant nichts Gutes, als sie hastig das Telefonat beendet. Und richtig: Vor dem Spülbecken steht der Stuhl und auf dem Stuhl stehen Malte und Julius. Nass von oben bis unten und sehr vergnügt halten sie Tassen, Becher und Schüsseln in den Wasserstrahl, gießen, schütten und spritzen nach Herzenslust. »Seid ihr eigentlich total übergeschnappt?«, brüllt die Mutter los. »Kann man euch denn nicht mal einen Moment allein lassen? Wie oft soll ich das noch sagen: keine Wasserplantscherei in der Küche!«, schreit sie und zerrt die beiden so heftig vom Stuhl, dass Malte auf dem nassen Fußboden ausrutscht.

Wie zwei begossene Pudel stehen sie nun da, während die Mutter hektisch anfängt, die Pfütze aufzuwischen. Wollen die mich eigentlich nur noch ärgern? Denken die überhaupt nicht mit? Ausgerechnet, wenn ich mal telefonieren will... Die Gedanken wirbeln in ihrem Kopf wie der Putzlappen auf dem Fußboden.

Da sieht sie die beiden Jungs, die betreten neben der Tür stehen, und ihren erschrockenen Blick. Ja klar, Wasser ist für angehende Piraten, Tiefseetaucher und Kapitäne das Schönste, das es gibt. Vor lauter Freude haben sie die Folgen ihres Spiels nicht abgesehen – und die Regel, dass in der Küche nicht mit Wasser geplanscht wird, einfach vergessen. Übrigens nicht das erste Mal: Als sie letzte Woche den Wasserhahn in der Küche aufgedreht haben, um ihre kleinen Boote im Spülbecken schwimmen zu lassen, ging es auch hoch her. Allerdings haben Maltes und Julius' Mutter die Jungs gewähren lassen, denn sie waren gerade so ins Gespräch vertieft, dass sie im Grunde ganz froh waren, die

Grenzen geben Kindern Geborgenheit

beiden beschäftigt zu sehen. Und jetzt gibt es für genau dieselbe Aktion ein Donnerwetter?

Die Mutter spürt Mitleid mit den Jungen und Bedauern. Nicht tun zu dürfen, was man so furchtbar gerne will – da muss ein Kind ganz schön gegen sich selbst ankämpfen. Bis diese Selbstkontrolle in Fleisch und Blut übergegangen ist, dauert es eine ganze Weile. Und dazu braucht ein Kind die Unterstützung und Hilfe von uns Eltern: Verständnis für seine Wünsche, klar ausgesprochene Erwartungen – und Lob, wenn's geklappt hat. Missbilligung der Eltern darf auch sein, ein sparsam eingesetztes »Nein« kann eine sehr respektvolle Antwort auf störendes Verhalten sein und kann sogar, quer durch den Raum gebrüllt, Leben retten.

Früher an später denken: das müssen Kinder erst lernen

■ Sobald Kinder eigenverantwortlich handeln, liegen Erfolg und Misserfolg nahe beieinander. Auch fünf- und sechsjährigen Kindern fällt es noch schwer vorauszudenken. Sie denken nicht an den Wasserschaden des Nachbarn, wenn sie die Lust zum Plantschen überkommt. »Aber ich hab gedacht...«, beginnt das Kind seine Rechtfertigung, und hört dann vielleicht: »Überlass das Denken besser mir!« Aber wie soll ein Kind mitdenken und selbstständig handeln lernen, wenn es von klein auf erlebt, dass es immer gleich handfesten Ärger gibt, wenn es mal ungeschickt ist? Wer ständig Angst vor Strafe oder Schimpfe haben muss, traut sich immer

Mal zu lasch und mal zu streng – wir alle machen Fehler. Aber ein festes Nein! muss auch mal sein.

Grenzen setzen fällt Eltern nicht immer leicht. Denn wer Grenzen setzt, stößt manchmal auf Widerstand

Grenzenlos frei, aber mit sich allein. Kinder wollen spüren, dass die Eltern wissen, wo es langgeht.

weniger zu. Die Fähigkeiten eines Kindes zum Vorausdenken zu wecken, kostet viel Geduld und Nerven, aber es lohnt sich: Ein gleichgültiges oder ängstliches Kind ist auf Dauer gesehen viel anstrengender.

»Ich werde sehr, sehr sauer, wenn ihr das in der Küche macht, weil ich dann alles wieder aufwischen muss«, versucht die Mutter es noch einmal in versöhnlichem Ton. Malte und Julius nicken stumm. »Das Wasser kann nämlich durch den Fußboden nach unten zum Nachbarn durchsickern. Dann gehen seine Tapete und sein Teppich kaputt und ich muss das dann bezahlen«, schiebt sie noch nach. »Ich verstehe, dass ihr so gerne mit Wasser spielt, aber Plantschen geht nur in der Badewanne.«

Sätze, die mit »ich« beginnen und ausdrücken, welche Folgen entstanden sind und wie den Eltern deshalb zumute ist, können Kinder nachvollziehen. Sie geben ihnen die Möglichkeit, sich anders zu verhalten. Und darauf kommt es an! Wenn wir ein Kind anschreien: »Du machst mich noch wahnsinnig!«, wenn wir es ohrfeigen und ausschimpfen, reagieren wir uns nur ab. Das Kind fühlt sich schlecht, wertlos, unfähig und ohnmächtig. Aber gelernt hat es nichts.

Finden wir einen Kompromiss?

Wenn Kinder jedoch erleben, dass ihren Wünschen mit Achtung und Verständnis begegnet wird, es aber Grenzen des Erlaubten gibt, erfahren sie etwas sehr Wertvolles: Wenn die Wünsche und Interessen der Einzelnen weit auseinander gehen, geht es darum, Lösungen zu finden, die für beide Seiten annehmbar sind. Regeln sind notwendig für das Zusammenleben in einer Familie, in einer Gesellschaft und für die Sicherheit des Einzelnen. Regeln als Grenzen annehmen zu können, heißt aber auch, einen geschützten Raum zu betreten, in dem man sich ausprobieren kann. Denn Regeln schaffen Spielräume. Und sie gelten übrigens auch, wenn sie gelegentlich gebrochen werden. Kinder brauchen diese Räume – wie Erwachsene auch – weil sie dort etwas Wichtiges über sich selbst erfahren: Sie können sich als Verursacher erleben, wenn ihre Handlungen Reaktionen hervorrufen.

Gewinnen Sie die Bereitschaft Ihres Kindes zur Mitarbeit. Trauen Sie Ihrem Kind etwas zu. Sie sind ein Team, keine

Feinde. Aufwischen ist nicht bloß Müttersache. Malte und Julius können schon gut mithelfen. Beide haben so die Gelegenheit, etwas wieder gut zu machen. Das stärkt ihre Selbstachtung und macht kleinen Helden wieder Mut für die Zukunft. Und ihren Müttern auch.

Hü und Hott schadet – eine klare Linie muss her

■ Niklas liegt abends im Bett und schiebt sich ein Bonbon in den Mund. »Du sollst doch nach dem Zähneputzen nichts Süßes mehr essen«, mahnt seine Mutter ärgerlich, »du weißt doch, dass du davon schlechte Zähne kriegst«. Niklas nimmt das zur Kenntnis – und lutscht weiter. Er weiß, dass seine Mutter sich zu mehr als einem ärgerlichen Unterton heute Abend nicht mehr aufraffen wird. Kopfschüttelnd verlässt sie nach dem Gutenachtkuss sein Zimmer.

Für Eltern, die außer der Erziehung ihrer Kinder noch etwas anderes zu tun haben – also für alle Eltern –, ist die Versuchung groß, einem sich anbahnenden Konflikt aus dem Weg zu gehen. Manchmal drückt man eben beide Augen zu, seufzt und schluckt seinen Ärger hinunter, um nicht schon wieder das auf ein Nein! folgende Protestgeschrei oder die Tränenflut ertragen zu müssen.

Konsequenz kostet Kraft

■ Oft hängt es von der Situation und der Tagesform ab, wie Konsequenz im Elternalltag wirklich gelebt wird. Hat man gute Laune, freut man sich über das glücklich spielende Kind mitten auf

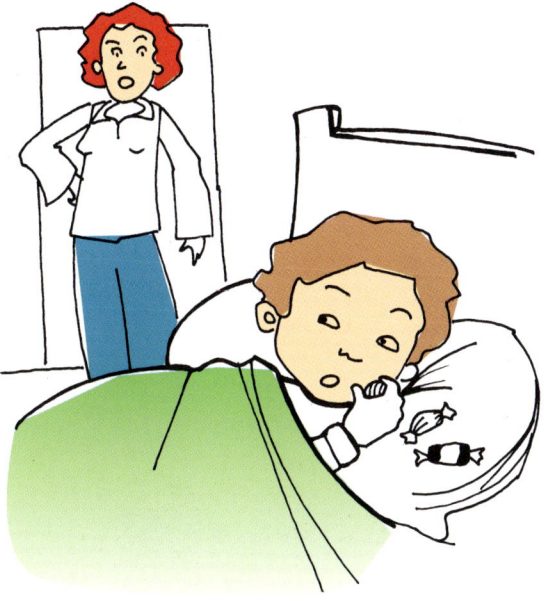

dem Teppich. Ist man müde, erschöpft oder abgelenkt, schimpft man eher los, wenn es im Kinderzimmer schon wieder aussieht, als habe eine Bombe eingeschlagen. Nach einem langen anstrengenden Arbeitstag oder auch mitten in der Alltagshektik hat das Kind gute Chancen, Bonbons abzustauben, Zeichentrickfilme im Fernsehen anzuschauen oder eine verlockende Idee in die Tat umzusetzen, obwohl das Wasserplantschen in der Küche eigentlich verboten ist. Ist das Nervenkostüm dagegen in gutem Zustand, fühlt man sich auch den unweigerlich eintretenden Auseinandersetzungen um Süßigkeiten, Fernsehzeiten, Schlafgewohnheiten und außergewöhnliche Speisewünsche eher gewachsen. Denn ein Nein mit freundlicher Festigkeit zu vertreten und notfalls zehnmal geduldig zu wiederholen, kostet zweifellos Kraft. Ganz schwierig wird es, wenn die Eltern miteinander Ärger haben und dann der Versuchung erliegen, mit dem Kind eine Allianz gegen den anderen zu

Was ist erlaubt und was nicht? Nur wer die Regeln kennt, läuft nicht ständig ahnungslos ins Abseits.

schmieden: »Was? Mama meint, Achterbahnfahren ist zu gefährlich für dich? Du bist doch kein Baby mehr! Los komm, wir kaufen uns jetzt ´ne Karte. Bleibt aber unter uns Männern, versprochen?«

Grenzen schaffen Spielraum – für Kinder und Eltern

■ Kinder provozieren, damit Eltern reagieren – mal so, mal so und dann wieder ganz anders. Und das ist meistens verkehrt. Denn auf diese Weise geben Eltern nur ihre eigene Unsicherheit an die Kinder weiter. Statt Halt zu geben, vermitteln sie ihnen den Eindruck, dass sie selbst nicht mehr durchblicken. Dabei brauchen Kinder das Gefühl, dass ihre Eltern wissen, wo es langgeht. Ob die Kinder nun im Elternbett schlafen, Wasserschlachten veranstalten oder als Teenager spätabends nach Hause kommen: Es gibt für Eltern immer gute Gründe – auch im Hinblick auf die eigenen Energiereserven und aus Selbstschutz – den Kindern etwas zu erlauben oder zu verbieten.

Doch die Wechselbäder tun Kindern nicht gut. Was der eine verbietet, sollte der andere nicht genau deswegen erlauben. Was heute gerade noch so durchgeht, darf nicht morgen eine Lawine von Vorwürfen auslösen. Kinder schließen daraus: »Egal, wie ich mich verhalte, ich kann die Reaktion sowieso nicht vorhersehen.« Nicht beinharte Strenge und dann wieder achselzuckendes Gewährenlassen, sondern Zuverlässigkeit ist gefragt. Denn Inkonsequenz verunsichert. Nur wer klar absehen kann, was folgt, hat doch die Wahl, sein Verhalten danach zu orientieren: Er kann vorher entscheiden, wie er sich verhält!

Ernsthaft verboten und wirklich erlaubt – erst das ist eine klare Sache: Kinder wollen wissen, woran sie sind. Dann brauchen sie ihren Freiraum auch nicht täglich oder sogar stündlich neu zu vermessen. Soviel Spaß macht es nämlich auch wieder nicht, ständig auszutesten, wie weit man gehen kann. Für Kinder sind klare Regeln deutliche Wegweiser, die sagen: »Da geht's lang!« Unbeständigkeit nimmt ihnen die Orientierung, weil sie keine logische Verbindung zwischen ihrem Verhalten und der Art, wie die Eltern darauf reagieren, erkennen können.

Grenzenlosigkeit vernachlässigt Kinder

■ Kinder sind manchmal wirklich ungezogen und tun Dinge, die Eltern nicht durchgehen lassen können. Sie ärgern

Wechselbäder sind nicht gut für Kinder. Was heute erlaubt ist, darf nicht morgen verboten sein.

ihre jüngeren Geschwister, essen anderen Kindern ihre Süßigkeiten weg oder halten sich einfach nicht an Abmachungen. Dem Verhalten eines kleinen Kindes Grenzen zu setzen, fällt Eltern jedoch oft schwer. Auf das Wie kommt es an: Liebevoll, zugewandt und dennoch fest ausgesprochen, dienen Grenzen der Orientierung und schaffen Geborgenheit. Viele Eltern spüren, dass grenzenloses Gewährenlassen eine andere Art von Vernachlässigung ist – und mehr noch: dass es die soliden Grenzen sind, die Halt vermitteln und Freiräume eröffnen. Wie beim Hausbau auch schaffen erst die Wände den Raum. Viele Eltern befürchten, die Neugier ihrer Kinder zu dämpfen und sie an ihrer Selbstentfaltung zu hindern, wenn sie ihnen Grenzen setzen. Manche sind besorgt, dass sie die Liebe ihrer Kinder verlieren könnten, wenn sie ihr Verhalten beschränken. Das Gegenteil ist der Fall: Eine liebevolle, sorgende Umgebung muss nicht regellos sein. Je mehr Grenzen und Regeln Zuverlässigkeit bieten, umso besser halten Kinder ihren Krisen stand. Denn Grenzen sind ja nicht nur einengende Gitterstäbe, an denen Kinder wütend rütteln, sondern auch Schutzgitter, die Geborgenheit vermitteln. Natürlich übersteigen Kinder manchmal auch diese Zäune, aber das ist dann auch eine ganz wichtige Erfahrung: bewusst das Verbotene zu riskieren, mit voller Absicht das Gegenteil von dem zu tun, was die Eltern wollen. Das muss auch mal sein. Aber danach brauchen Kinder auch wieder die Möglichkeit, sich in ihren gesicherten Bereich zurückzuziehen, in dem Erlaubtes und Verbotenes klar voneinander getrennt sind.

Kinder sollten genau wissen, woran sie sind, damit sie nicht täglich und stündlich ihren Freiraum neu vermessen müssen.

Elternwünsche – Kinderwünsche

In jeder Familie leben Menschen mit verschiedenen Bedürfnissen und Wünschen zusammen. Da will einer singen und die andere einen Mittagsschlaf halten. Eine will etwas im Ersten Programm sehen und der andere im Zweiten. Die einen wollen einen Sonntagsspaziergang machen, und der andere will zu Hause bleiben und die Sendung mit der Maus sehen. Wünsche passen oft nicht zusammen und alles gleichzeitig geht auch nicht. Dann muss man über die Reihenfolge reden. Manchmal muss auch einer zurückstecken. Das muss durchaus nicht immer der Vater oder die Mutter sein – aber auch nicht grundsätzlich nur das Kind.

Der sechsjährige Paul will jeden Abend, kaum dass sein Vater die Haus-

An Familienregeln müssen sich alle halten: Kinder und Eltern.

tür aufgeschlossen hat, mit ihm spielen. Der Vater ist müde und möchte am liebsten im Sessel sitzen und Zeitung lesen. Er versucht es mit Strenge: »Lass mich bitte in Ruhe!« Ohne Erfolg. Paul quengelt so ausdauernd, dass an Ruhe nicht zu denken ist. Lustlos macht der Vater ein paar Vorschläge, was Paul um seinen Bauernhof herum noch alles bauen könnte. Aber innerlich spürt er seinen Ärger wachsen. Dann erklärt er seinem Sohn: »Du willst mit mir spielen, und ich will mich erst mal ausruhen – was können wir denn da machen?« Von Paul stammt der Vorschlag, ihm eine Ruhepause zu lassen. Unter einer Bedingung: »Aber wenn der große Zeiger oben ist, spielst du mit mir!«

Für einen glatten Verzicht reicht die Einsicht auch bei den meisten Sechsjährigen noch nicht aus, aber ein Aufschub ist schon mal drin. Mit der Mutter spielen? Nicht jetzt, sondern nachher. Die Oma besuchen? Nicht heute, aber morgen. Zurückstecken, abwägen, für die Wünsche des anderen Verständnis haben – das ist ein hartes Stück Arbeit für kleine Kinder und braucht genauso Übung wie das Radfahren und Rollschuhlaufen.

Familienregeln sind der kleinste gemeinsame Nenner

■ In jedem Zusammenleben muss es Regeln geben, an die sich alle halten. Wie Grenzen gewahrt werden, kann ein Kind am besten von seinen Eltern lernen: Mama schläft jetzt, da darf sie nicht gestört werden. Papa telefoniert gerade, so lange wollen wir ihn in Ruhe lassen. Wenn wir essen, gehen wir nicht ans Telefon – solche Erfahrungen können Kinder stärken, weil sie die Reibungspunkte im Alltag vermindern und den schönen Gedanken verbreiten helfen, dass jedes Familienmitglied Achtung und Respekt verdient. Familienregeln sind der kleinste gemeinsame Nenner. Eltern dürfen sie nicht den Kindern einseitig aufzwingen, sondern müssen

Kinder wollen spüren, dass Eltern wissen, wo es langgeht

sich selbst daran halten. So ganz nebenbei und ohne viel Gerede erleben die Kinder einen wichtigen Grundsatz der Demokratie: Autoritätspersonen dürfen schwächere Mitglieder der Gesellschaft nicht zu sozialem Verhalten zwingen, sondern man erreicht es mittels einer Übereinkunft innerhalb der Gemeinschaft, an die sich alle halten müssen.

Auch Eltern haben Grenzen

■ Eltern, die immer nachgeben, die jeden Ärger hinunterschlucken oder hilflos auf jede Forderung reagieren, jedes Verbot als zarte Bitte formulieren und resignieren, wenn ihre Wünsche von ihrem Kind übergangen werden, tun sich selbst keinen Gefallen. Für Mütter und Väter ist es vielmehr wichtig, die eigenen Grenzen zu kennen und zu schützen, weil sie nur so früh genug spüren, was ihre Geduld, ihre Kraft und ihr Verständnis übersteigt. Die allermeisten Eltern wissen genau, wo ihre eigene, ganz persönliche Belastungsgrenze verläuft. Dazu können sie auch stehen! Es hat wenig Sinn, mit gequältem Gesicht Begeisterung zu heucheln, wenn der kleine Schatz im Essen matscht und man genau das auf den Tod nicht ausstehen kann. Oder wenn man sich schnell und lieblos durch die Geschichten von Petterson und Findus haspelt, weil man es gerade heute nicht erwarten kann, bis die kleinen Quälgeister endlich im Bett verschwunden sind.

Gibt man immer zuviel, führt das nämlich leicht dazu, dass einem schließlich die Hand ausrutscht, weil man sich ausgenutzt und missachtet fühlt. Auf den Ausrutscher folgt dann das Schuldgefühl, als Mutter oder Vater versagt zu haben, und der Vorsatz, morgen noch geduldiger, liebevoller und nachsichtiger zu sein – und sich damit aufs Neue zu überfordern.

Die eigenen Schwachstellen kennen

■ Viel häufiger, als wir wahrhaben wollen, liegen die Gründe für unsere Ausraster nicht bei denen, die wir anschreien, sondern bei uns selbst. Das Maß ist meist schon gehörig voll, bevor wir es mit einem widerspenstigen Kind zu tun kriegen. Und dann genügt eine Kleinigkeit, um das Fass zum Überlaufen zu bringen. Die Beteuerung »Das wird nie wieder passieren« allein macht noch nichts besser; das wird man nicht halten können. Wer die eigenen Schwachstellen nicht kennt, ist ihnen ausgeliefert. Wirklich ändern kann sich erst etwas, wenn man genau hinschaut – auch wenn es wehtut oder sich innerlich alles dagegen sträubt, den eigenen Beitrag an der Situation zu erkennen. Lassen Sie die kritischen Szenen noch einmal an Ihrem inneren Auge vorüberziehen. So werden Sie herausfinden, wo ihre wunden Punkte liegen und pfleglich mit ihnen umgehen können: Es ist in Ordnung, erschöpft zu sein, schlechte Laune zu haben, sich allein und überfordert zu fühlen. Es kommt darauf an, was Sie daraus machen. Gut für sich selbst sorgen zu können, ist eine wichtige Voraussetzung, um für andere sorgen zu können. <<<

Auch für Erwachsene ist es wichtig, die eigenen Grenzen zu kennen, damit sie spüren, wenn etwas ihre Kräfte übersteigt.

Familienregeln müssen passen
Jedes Kind ist anders und Eltern sind es auch

Was ist mir wirklich wichtig? Konsequenz braucht einen klaren Kopf.

■ In der einen Familie ist es immer die Mutter, die abends klaglos Socken, Unterhosen und bekleckerte T-Shirts einsammelt. In der anderen wird nur gewaschen, was abends in der Wäschetonne liegt. Manche Kinder müssen zu Hause überhaupt nicht mit anpacken, andere haben längst kleine Pflichten übernommen. In der einen Familie so, in der anderen anders: Manche Eltern können mit einem gewissen Durcheinander leben, andere bestehen darauf, dass sich die Spielhölle abends in eine Erwachsenenwohnung zurückverwandelt. Familienregeln sind individuell und legen fest, wie wir zusammenleben wollen. Wichtig ist, dass sie ausgehandelt werden und dass sie für alle gelten, auch für Väter und Mütter.

Machen Sie sich zunächst klar, was Sie erreichen wollen und was Ihnen wirklich wichtig ist: Soll Ihr Kind morgens rechtzeitig aus dem Bett kommen? Beim Essen nicht spielen? Hausaufgaben unaufgefordert und zügig erledigen? Oder geht es ums Aufräumen? Denken Sie daran, dass nicht alles gleich wichtig und schon gar nicht alles perfekt sein kann.

Was noch wichtiger ist

■ Eltern können ihren Kindern heute so manche Wünsche erfüllen: den CD-Player, die Lego-Raumstation, die Xbox, den Kinobesuch mit Popcorn, das Eis zwischendurch. Mit einem knausern sie aber oft – mit ihrer Zeit! Finn will unbedingt mit Mama Slalom auf dem Fahrrad üben und Laura lädt Papa zum Kaffeeklatsch mit Barbie ein. »Keine Zeit«, »später« oder »jetzt nicht«, heißt es dann oft, wenn Kinder von ihren Eltern etwas wollen. Mit sechs Jahren braucht man zwar nicht mehr rund um die Uhr beschäftigt zu werden. Aber wenn man sich mit einem Anliegen an die Eltern wendet, will man auf offene Ohren stoßen! Kindern zuzuhören, wenn sie erzählen, was sie beschäftigt, und ernsthaft mit ihnen zu reden, ist mindestens genauso wichtig wie Zähne putzen und Gemüse essen.

Gemeinsame Aktionen verbinden

■ Kinder brauchen Erwachsene, die sich Zeit für sie nehmen – Väter, mit denen sie Kuchen backen können, Mütter, die ausgelassen im Schwimmbad mittoben, und am besten auch noch einen Opa, der Fußball oder Mühle spielt. Es muss ja nichts Großartiges sein: Wenn Philipp zusammen mit seiner Oma die Tomaten wässert, dauert das vielleicht ein bisschen länger. Darauf kommt es aber gar nicht an. Wenn man etwas gemeinsam macht, wächst das Gefühl zusammenzugehören. Man lernt sich zu schätzen und kann auch eher einmal nachgeben, wenn der andere mal nicht so will wie man selbst.

Der Familienalltag braucht Teamgeist

■ Für das Kind da zu sein und das Zusammensein zu genießen, fällt leichter, wenn man – wenigstens im Großen und Ganzen – ausgeglichen und mit sich selbst zufrieden ist. Wenn Sie sich ausgelaugt und erschöpft fühlen, wenn Sie nicht mehr wissen, wo Ihnen der Kopf steht, und viel zu oft mit Ihrem Kind schimpfen, wird es Zeit, etwas für sich zu tun. Manchmal hilft es schon, den Berg von Aufgaben in kleine Portionen zu teilen: Muss ich das sofort erledigen? Muss ich das selbst tun? Oder kann das auch jemand anderes übernehmen?

Eine Familie ist ein Unternehmen, das auf Gegenseitigkeit beruht. Wenn Mama immer allein aufräumen muss, hat sie keine Zeit mehr, mit Felix die Ritterburg aufzubauen. Wenn aber jeder mit anpackt, bleibt Zeit, etwas Schönes miteinander zu tun. Das kann man einem fast Sechsjährigen schon klarmachen. Wissen Sie eigentlich noch, was Ihnen Freude macht, was Sie besonders gern tun? Wann haben Sie sich das letzte Mal dafür Zeit genommen? Tun Sie etwas für sich selbst, für Ihre Partnerschaft – nur so werden Sie am Ende des Tages auch noch etwas an Ihr Kind weitergeben können. Kinder brauchen keine Eltern, die sich aufopfern, sondern Eltern, die zufrieden sind.

Den eigenen Kopf durchsetzen zu wollen, ist ein wichtiger Entwicklungsschritt für Kinder

Wie man die eigene Linie findet und daran festhält

■ Wenn es in Ihrer eigenen Familie oft hoch hergeht, glauben Sie nicht, Sie seien der einzige Erwachsene, der manchmal die Nerven verliert. Sie sind auch nicht schuld an jedem Krach mit ihren Lieben. Das Gefühlsklima einer

Das größte Geschenk, das Eltern ihren Kindern machen können, ist Zeit.

Kinder finden Regeln gut – daran lässt sich anknüpfen.

Familie wird auf vielfältige Weise geprägt und manchmal auch von Umständen, die Sie nicht ändern können. Vieles aber lässt sich verbessern, wenn man sich die kritischen Situationen später, wenn sich die Wogen wieder geglättet haben, noch einmal vor Augen führt.

Wer oft zwischen Anschreien und Wiedergutmachungen hin- und her schwankt, wer sich oft hilflos oder unzulänglich fühlt, hat vermutlich zu wenig Absprachen und Regeln getroffen. Egal ob es um Hausaufgaben, Schlafenszeiten, Computerspiele, Fernsehen, Aufräumen oder das Essen geht: Regeln, Rituale und Absprachen dienen Kindern und Eltern als Anhaltspunkte, an denen sie sich orientieren können.

Kinder finden Regeln im Allgemeinen gut: Unerbittlich wacht Joshua darüber, dass sein Vater nicht losfährt, ohne sich anzuschnallen. Vier- und fünfjährige Kinder sind oft fasziniert von Gesetzen, Polizisten und Gefängnissen. Was gut und was böse ist, wer richtig und wer falsch handelt, behalten sie genau im Blick. Sie sind begeistert, dass auch ihre mächtigen Eltern sich Verboten unterordnen müssen. »Wenn Mama bei Rot über die Ampel fährt, muss sie ins Gefängnis«, stellen aufmerksame Beifahrer im Kindersitz mit unverhohlener Genugtuung fest. Ihre Gedanken kreisen um Polizisten, Sheriffs, Könige und alle mögliche Bestimmer, die sagen, »wie es sein soll«. Hören Sie einmal zu, wie Ihr Kind und seine Freunde unermüdlich und genau die Regeln, nach denen gespielt werden soll, miteinander diskutieren. Daran kann man anknüpfen! Für kritische Momente, in denen es immer wieder Ärger gibt, sind Vorgaben, »wie es sein soll«, eine große Hilfe. Machen Sie sich ein genaues Bild:

Grenzen überprüfen

- In welchen Situationen gibt es immer wieder Zoff?
- Weiß mein Sohn, meine Tochter überhaupt, worum es mir geht, was mir in diesem Moment wichtig ist und was genau ich von ihm oder ihr erwarte?
- Welche Vorgaben kann ich machen? Welche Absprachen können wir treffen? Welche Regeln können wir aufstellen?
- Heißt ein Nein bei mir auch wirklich Nein? Oder eher vielleicht?
- Und ganz wichtig: Gibt es eine klare Absprache darüber, was geschieht, wenn die Regel verletzt wird?

Grenzen setzen – aber wie?

Absprachen: keine Garantie, aber ein Anfang

■ Lustlos stochert Marie auf ihrem halbvollen Teller herum. Sie ist offensichtlich satt – und die Hälfte des liebevoll gekochten Essens bleibt liegen. Wie immer schimpft nun ihre Mutter: »Als ich dir eben aufgetan habe, konntest du nicht genug kriegen!« Ermahnungen, Schimpfen, Nörgeleien begleiten beinahe jede Mahlzeit und verderben der ganzen Familie die Freude am Essen. Bis Marie mit ihren Eltern eine Vereinbarung trifft: Ab heute tut sie sich ihr Essen selbst auf. Und damit sie sich nicht überschätzt, gilt die Regel: Nur ein bisschen von allem – und lieber später noch einmal nachnehmen.

Absprachen wie diese sind natürlich keine Garantie dafür, dass immer alles wie am Schnürchen läuft. Ein Bonbon vor dem Schlafengehen ist eben doch verlockend und wer einen Bärenhunger hat, häuft sich lieber dreimal mehr Spaghetti auf den Teller, als er schaffen kann – besonders wenn noch Geschwister mit am Tisch sitzen. Kinder sind eben Kinder: Sie sind laut, übermütig, neugierig, voller Tatendrang und ja, auch gierig.

Wenn Sie bestimmte Regeln auf jeden Fall durchsetzen wollen, dann machen Sie Ihrem Kind klar, was auf sein Verhalten folgt. So sparen Sie sich und ihm nervenaufreibende Auseinandersetzungen: Wer im Bett noch nascht, muss eben noch einmal zum Zähneputzen aufstehen. Wer sich immer zu viel auf den Teller lädt, muss sich eine Beschränkung gefallen lassen. Wer seine schmutzigen Sachen abends nicht in die Wäschetonne räumt, hat irgendwann nichts Sauberes mehr zum Anziehen.

Bis hierher – und so weiter!

■ Wenn Sie mit Ihrem Kind vereinbart haben, dass nach einem Film der Fernseher ausgeschaltet wird, erinnern Sie es vorher an diese Regel und schalten Sie erst dann die »Sendung mit der Maus« an. Bleiben Sie fest, wenn das Gequengel um das nachfolgende Sonntagsmärchen beginnt. Wenn Ihr Nein wirklich Nein bedeutet, helfen Sie

Klare Absprachen reduzieren Streit.

Damit Regeln sich einprägen, müssen sie immer wieder geduldig wiederholt werden.

Ihrem Kind, sich vorher darauf einzustellen. »Fernsehen erst nach den Hausaufgaben«, »Alles, was nach 18 Uhr auf dem Küchentisch herumliegt, wandert in den Müll«, »Gummistiefel immer im Flur ausziehen« – Regeln kürzen die Endlosschleife immer gleicher Ermahnungen beträchtlich ab. Diese Grenzen sind weder diktatorisch noch unterdrückerisch. Familienregeln bestätigen den gemeinsamen Standard und die Tatsache, dass wir alle zusammen leben müssen. Stellen Sie keine Regeln auf, die niemand einhalten kann, sonst beschwören Sie ein heilloses Chaos herauf. Eine begrenzte Anzahl vernünftiger, nachvollziehbarer Regeln funktioniert am besten. Hin und wieder müssen Sie Ihr Kind vielleicht noch daran erinnern. Aber ein paar Wiederholungen genügen, sofern Sie fest wie ein Fels in der Brandung bleiben. Oder Sie werden selbst gerügt: »Papa, du hast schon wieder nicht die Stiefel ausgezogen!« Im Allgemeinen gilt: Sobald Eltern sich ihrer Sache sicher sind, hat das Genörgel ein Ende. Denken Sie nur daran, wie eisern Sie darauf bestehen, dass im Auto Sicherheitsgurte angelegt werden, bevor losgefahren wird!

Für täglich wiederkehrende Situationen empfehlen sich Rituale, die eine feste Abfolge einzelner Schritte vorsehen, zum Beispiel: Abendessen, noch eine halbe Stunde spielen, Ausziehen, Zähneputzen, Vorlesen, Gutenachtkuss und Schluss.

Eins nach dem anderen

Wenn Sie von Ihrem Kind ein bestimmtes Verhalten erwarten, überlegen Sie sich einen Stufenplan, an dem Sie festhalten: Fordern Sie Ihr Kind zum Beispiel auf, die Bilderbücher ins Regal zu räumen. Und bleiben Sie fest. Sagen Sie: »Die Bilderbücher gehören ins Regal.« Ignorieren Sie die zweite Protestwelle und wenn nach der dritten Aufforderung immer noch nichts passiert ist, ziehen Sie Konsequenzen. Welche? Die Konsequenz erwächst am besten aus dem problematischen Verhalten: Wer alles stehen und liegen lässt und sich auch nach der dritten Ermah-

Glaubwürdig sein

Eltern, die große Worte machen und Konsequenzen androhen, dann aber keine Taten folgen lassen, verlieren an Glaubwürdigkeit. Das gilt auch für Versprechen und Belohnungen: Wer seinem Kind eine zweite Gutenachtgeschichte angekündigt hat, muss diese auch vorlesen!

nung nicht ans Aufräumen macht, der muss in Kauf nehmen, dass keine Zeit zum Vorlesen bleibt – denn die geht nun fürs gemeinsame Aufräumen drauf. Das ist keine aus der Luft gegriffene Strafe, sondern ergibt sich als Konsequenz aus dem eigenen Verhalten. So kann ein Kind lernen, sein Verhalten zu verantworten. Und darum geht es ja schließlich.

Springen Sie nicht zu früh ein: Wenn Ihre kleine Tochter versprochen hat, am Sonntagmorgen Brötchen zu holen, dann aber plötzlich keine Lust mehr dazu hat, gibt's eben Brot. Wenn Ihr Sohn die Schienbeinschoner vergessen hat und deshalb nicht mittrainieren darf, liefern Sie das Vergessene nicht nach! Die Stunde auf der Bank wird ihm helfen, künftig an alles zu denken, was er mitnehmen muss.

Kinder lernen aus den Folgen

■ Wenn Sie Ihr Kind auffordern, etwas zu tun, müssen Sie im Kopf haben, was passieren soll, wenn nichts passiert. Damit Sie nicht mit hilflos rudernden Armen nach Luft japsen und vor dem Kind ins Stottern kommen: »Du hebst jetzt sofort die Bücher auf, sonst, sonst...« Ja, was denn sonst? Auf dem Fußballfeld geht das so: gelbe Karte, rote Karte und raus. Vielleicht können Sie diesem Ablauf auch für Ihre Familie etwas abgewinnen.

Unterdrücken Sie Ihren Unmut nicht, bis Ihr Kind Sie so auf die Palme gebracht hat, dass Ihnen womöglich die Hand ausrutscht. »Wenn du weiter mit dem Auto auf der Tür herumkratzt, nehme ich es dir weg.« Tun Sie dann aber auch, was Sie angekündigt haben – Kinder werden sonst leicht elterntaub. Aber halten Sie die Tür zur Versöhnung immer einen Spalt weit offen. Wer mit den Worten »Ich will dich hier nicht mehr sehen!« aus dem Zimmer geschickt wird, kann kaum auf gute Gedanken kommen. »Wenn du dich beruhigt hast, kannst du wieder reinkommen«, lässt kleine Nervensägen wissen: »Du kannst dich auch anders verhalten. Dann bist du willkommen.« <<<

Rituale wie das Vorlesen am Abend strukturieren den Tag

Wer A sagt, muss auch bereit sein, B zu tun.

Kinder lernen aus den Folgen

Fernsehverbot, Hausarrest & Co.

Weniger bringt mehr. Durchhalten muss man das Wenige aber trotzdem, sonst bringt es nichts.

■ Marie kreischt in den höchsten Tönen. Sie wehrt sich dagegen, dass sie schon wieder abräumen soll. Philipp, ihr zwölfjähriger Bruder, rechnet ihr haarklein vor, dass er schon zweimal nacheinander den Müll geleert hat, dreimal Einkaufen war, einmal das Katzenklo saubergemacht hat. Sie macht prompt die Gegenrechnung auf: Einkaufstasche getragen, zweimal abgewaschen, beim Kochen geholfen. Die Stimmen werden schriller, wüste Beschimpfungen fliegen hin und her. Bald wird es der Mutter zu viel: »Schluss jetzt, verdammt noch mal! Kann man denn nicht einmal in Ruhe zu Abend essen? Fernsehen ist für die nächste Woche gestrichen!« Zwei entsetzte Augenpaare richten sich auf sie: »Was hat denn Fernsehen mit Abräumen zu tun?«, empört sich Marie, »du bist ja sooo gemein!«

Nun ja, ganz Unrecht hat sie nicht, die Kleine. Stunden später, als beide längst friedlich in ihren Betten schlafen, räumt die Mutter ein: »Da habe ich ziemlich übertrieben reagiert.« Auch wenn ihr Ärger verständlich ist, ist doch eines klar: Durch das Fernsehverbot haben die beiden bestimmt nicht gelernt, es besser zu machen. Solche Strafen lassen Kinder nur empfinden, dass sie sich auf nichts verlassen können, dass die Eltern ihre Pläne jederzeit durchkreuzen können und ihre Versprechen sowieso nicht halten. Hausarrest, Fernsehverbot, Besuchsverbot, Taschengeldentzug sind Strafen, zu denen genervte Eltern schon mal greifen. Ob sie allerdings bewirken, dass ein fünfjähriges Kind überlegt, wie es sich das nächste Mal besser verhalten kann, ist fraglich: Wenn Leon sich voller Eifersucht in einem unbeobachteten Moment an dem Baby vergreift und seine Eltern ihn erst zusammenstauchen und dann in sein Zimmer schicken, wird ihn das in seinem Verdacht nur noch bestärken, dass die Eltern das Baby neuerdings viel lieber haben als ihn. Unter solchen Voraussetzungen kann ein Kind keine Einsicht entwickeln.

Eigenverantwortung lernen Kinder

Strafen können Kinder verletzen und demütigen

am besten aus den Folgen, die sich aus ihrem Verhalten ergeben. Was hat Philipps und Maries Weigerung, den Tisch abzuräumen, für eine Folge? Wenn ihre Mutter die Nerven gehabt hätte, sich komplett herauszuhalten, hätten die beiden feststellen können, dass ein Tisch voller schmutzigem Geschirr keinen Platz für die nächste Mahlzeit bietet. Das ist keine Strafe, die aus der Luft gegriffen ist, sondern ergibt sich als Konsequenz aus dem eigenen Verhalten. So kann ein Kind lernen, sein Tun und Lassen zu verantworten. Und darum geht es.

Strafen machen ohnmächtig und wütend

■ Wer abgesprochene Regeln bewusst missachtet, wer mutwillig Schaden anrichtet oder die Rechte anderer verletzt, muss die Folgen seines Tuns erleben. Das ist etwas anderes als zu strafen! »Weil du deine Hose kaputt gemacht hast, darf Moritz heute nicht zum Spielen kommen!« Was hat das denn miteinander zu tun? So etwas riecht nach: »Wenn du mich ärgerst, ärgere ich dich auch!« Solche Strafen machen nicht einsichtig, sondern höchstens wütend. Logische Folgen ergeben sich aus dem, was passiert ist. Weil Pauline den Fernseher nicht rechtzeitig ausgeschaltet hat, darf sie das nächste Mal ihre Sendung nicht sehen. Das ist sinnvoll. Damit war sie einverstanden. Deshalb muss ihre Mutter jetzt nicht schimpfen oder predigen, nur erinnern – freundlich, aber fest. Das schont die gute Beziehung.

Auf Strafen und Schläge antworten manche Kinder mit Trotz und Widerstand, sie rebellieren und sinnen wü-

Kinder lernen aus den Folgen Verantwortung zu übernehmen.

der sein, der einem das (scheinbar) eingebrockt hat. Geschieht ihm ganz recht, empfindet der große Bruder in aller Klarheit, und setzt unter dem Tisch zu einem gezielten Tritt gegen das Schienbein des kleineren an.

Wenn Eltern sich raushalten, übernehmen Kinder Verantwortung

■ »Ich drumkümmer' mich schon selbst!«, knurrt die sechsjährige Lilli auf die besorgte Nachfrage ihrer Mutter, was denn das eigentlich werden soll. Beleidigt wendet sie sich wieder dem bunten Gebirge aus Legosteinen zu, das sich aufs ganze Zimmer erstreckt. Eine halbe Stunde später steht sie mit der Ruine des Pferdestalls in der Hand vor ihrer Mutter und bittet mit argloser Selbstverständlichkeit: »Das Dach stürzt dauernd ein, kannst du das mal zusammenbauen?« – »Ich denke, ich soll mich nicht kümmern!«, sagt ihr Mutter. Und Lilli schaut sie erstaunt an: »Du sollst dich ja auch gar nicht kümmern, du sollst mir nur mal helfen!«

Wahrscheinlich sehen alle Kinder das gleiche: Die Eltern sollen sich nicht dauernd um alles kümmern, sie sollen nur da sein, wenn sie gebraucht werden. Über diesen feinen Unterschied mit kleinen Kindern zu diskutieren, hat keinen Zweck. Also gehen Eltern unterschiedlich vor: Sie entscheiden von Fall zu Fall, ob sie Mitverantwortung übernehmen, oder ob sie sich aus der Sache heraushalten. So kann man sich einerseits zielstrebig einschalten, wenn das

Was Strafen fehlt: die logische Verbindung zwischen der Tat und den Folgen.

tend auf Rache. Andere unterwerfen sich fügsam und wenden ihre Aggressionen gegen Schwächere. Aber Taschengeldentzug, Fernsehverbot und Hausarrest engen ein. Sie hindern das Kind nicht nur an seinem Vergnügen, sonder auch daran, Verantwortung für sein Verhalten zu übernehmen. Fehlt die natürliche Verbindung zwischen der Handlung und den Folgen, wird das Kind die Strafe als Vergeltung empfinden. In dem Augenblick, in dem die logische Kette von Ursache und Wirkung, von Tat und Folge zerreißt, ist der erste zarte Ansatz von Einsicht und Selbsterkenntnis wie weggeblasen. Und die Bestrafung macht das Kind unter Umständen noch trotziger und wütender und führt es in seiner Wut zum Ausgangspunkt des ganzen Ärgers zurückführt: Fällt der Nachtisch aus, weil man tags zuvor den kleinen Bruder angespuckt hat, wird man als Vierjähriger kaum einen Zusammenhang erkennen – und erst recht wütend auf den kleinen Bru-

Kind verkehrt herum auf sein Spielzeugauto steigt und wütend wird, weil es so nicht steuern kann. Oder man kann es strikt ablehnen, sich am Basteln eines Perlenbäumchens zu beteiligen, das seit drei Wochen rumliegt und morgen der Oma zum Geburtstag geschenkt werden soll. Und beim nächsten Mal kann man sich wieder anders entscheiden. Warum auch nicht, die Tagesform ist nicht immer dieselbe. Doch das Entscheiden von Fall zu Fall hat seine Tücken: Die Meinungsverschiedenheiten über ein und dasselbe Thema müssen immer wieder aufs Neue ausgetragen werden, und in der Hitze des Gefechts wird man leicht überrumpelt.

Es klappt auch ohne Sie

■ Wenn Kinder morgens grundsätzlich zu spät aufstehen und dann in der Hektik weder ihre Turnschuhe noch ihre Brotbox finden, können sie ihre Mütter immer wieder veranlassen, wie aufgescheuchte Hühner in der Wohnung umherzurennen, Rucksäcke umzustülpen und mit Taschenlampen unter Betten zu leuchten. Für diesen Einsatz verscherzt es sich die Mutter mit dem Rest der Familie und verschafft sich selbst einen ungemütlichen Start in den Tag, weil sie das Gefühl nicht loswird, sich immer um alles kümmern zu müssen, weil sonst nichts klappt. Am wenigsten bei dem Kind, das sich abends weigert, die Sachen für morgen zu packen, mit der Begründung, das sei seine Sache, das mache es alleine. In solchen Wiederholungssituationen helfen generelle Entscheidungen ungemein, Konflikte zu reduzieren: Ob, wie und wann das Kind morgens seine Schulsachen und nachmittags seinen Fußball, seine Ballettschuhe, seine Flöte findet, ist seine Angelegenheit. Und die möglichen Folgen hat es auch zu tragen.

Rückzug in kleinen Schritten

■ Vielen Eltern fällt die Konsequenz, die auf den ersten Blick ja auch recht lieblos wirkt, ziemlich schwer. Aber es

Wer genau weiß, was folgt, kann vorher entscheiden, wie er sich verhält.

Manchmal machen Strafen Kinder erst richtig wütend

21

Kinder und Uhren darf man nicht ständig aufziehen, man muss sie auch gehen lassen.

hilft allen Beteiligten, einen Teilbereich elterlicher Verantwortung an das Kind abzugeben – auch für später. Klassisches Beispiel hierfür ist das Kinderzimmer: Im Allgemeinen ist das Aufräumen das erste, das an das Kind selbst delegiert wird. Später kommt das Saubermachen und noch später vielleicht das eigenständige Renovieren hinzu. In Wahrheit bedeutet dieses stufenweise Übertragen der Verantwortung jedoch meist, dass die Kinder nicht mehr tun, als sie unbedingt für nötig halten, und die Mütter schimpfend und stöhnend den Rest erledigen. Das Zimmer wird zum täglich Konfliktstoff – bis zum großen Krach, wenn die Mutter auf herumliegenden CDs, alten Joghurtbechern und verstreuten Tassen ausgerutscht ist und schwört: »Um dein Zimmer kümmer ich mich ab heute nicht mehr!« Von nun an braucht sie sich an ihren Entschluss nur noch zu halten, was nichts anderes heißt, als in das Kinderzimmer jetzt wirklich keinen Blick mehr zu werfen. Im Laufe der Jahre werden immer mehr der heißen Konfliktherde zur Selbstbestimmung freigegeben werden müssen – sprich, die Sorge um gesunde Ernährung, angemessene Kleidung, das richtige Verhältnis von Arbeit, Schlaf und Vergnügen wandert schrittweise in die Hände dessen, den es betrifft. Der geordnete Rückzug der Erziehungsberechtigten beginnt aber nicht erst, wenn Vierzehnjährige ohne Frühstück das Haus verlassen, Sechzehnjährige die Heimkehrzeiten selbst bestimmen wollen und Siebzehnjährige sich nicht mehr beraten lassen, wofür sie ihr Taschengeld ausgeben. Mit den Jahren können und sollen sich die Eltern nicht mehr ständig um alles kümmern. Wobei »Nicht-mehr-kümmern« bedeutet: keine einengenden Vorschriften, kein beinhartes Daraufbestehen und keine präzisen Kontrollen mehr. Erhalten bleibt das Über-alles-reden, Sich-für-alles-interessieren und die Bereitschaft, zuzuhören. Doch vorerst ist es noch nicht so weit.

Sparsame Dosierung dringend empfohlen

■ »Wenn du dich nicht benehmen kannst, gibt es kein Eis!« – Wem rutscht ein solcher Satz nicht schnell mal raus? Aber Vorsicht – jetzt stehen Sie bei Ihrem Kind im Wort. Die Drohung hat das Kind vielleicht beeindruckt und es

bleibt wirklich an der Hand, hört auf zu quengeln oder rückt das Plastikauto seiner kleinen Schwester wieder raus. Aber was machen Sie, wenn das nicht so ist? Zwei Stunden später ist alles vergessen, als Sie beim Eisstand vorbeikommen. »Mama, krieg ich ein Eis, bitte!!« Was nun?

Wie man es auch macht, ist es verkehrt: Kauft man ein Eis, verliert man ein Stück Glaubwürdigkeit. Kauft man keines, fühlt man sich kleinlich, hartherzig und nachtragend.

Strafen und Verbote, sogar Drohungen spricht man besser nur aus, wenn man sie auch durchstehen kann. Was hilft es, dem Kind zu verbieten, draußen zu spielen, wenn Sie sich damit einen Nachmittag mit einem nörgelnden Kind bescheren? Oder die dumpfe Drohung: »Wenn du jetzt nicht sofort deine Schuhe anziehst, gehe ich weg und lasse dich allein hier!«, wenn Sie Ihrem Kind bei anderer Gelegenheit doch immer versprechen, dass Mama und Papa es niemals allein lassen würden?

Lob und Tadel

■ Niemand wird wohl ohne gelegentliches Schimpfen, Verbieten und Drohen auskommen. Wenn es aber zum täglichen Programm gehört, gönnen Sie sich eine Pause zum Nachdenken: Kinder wollen ihren Eltern doch gefallen! Sie folgen ihren Anweisungen (meistens), weil sie die gute Beziehung nicht aufs Spiel setzen wollen – aus Liebe und nicht aus Angst vor Strafe! Mit Anerkennung und Bestärkung kommen Sie deshalb weiter als mit Schimpfen und Strafen.

Irgendwann müssen Kinder lernen, dass auch ihre Eltern Gefühle haben – und äußern: Sie sind ärgerlich, wenn man schon wieder das Glas umkippt, werden wütend, wenn man zum fünften Mal den kleinen Bruder umschubst. Wenn es ganz offensichtlich ist, dass Ihr Kind Sie austricksen will, schadet es auch nicht, einmal laut zu werden. Bleiben Eltern immer gleichmütig, bringt das ein Kind nur dazu, weiter auszutesten, wo die Grenzen liegen.

Anerkennung motiviert

■ Aber schimpfen Sie nicht gleich wegen jeder Kleinigkeit. Wozu soll ein Kind sich anstrengen, wenn es doch nur dauernd zu hören bekommt, wie schlecht und ungeschickt es ist? Kleine Kinder vergeben und vergessen im Nu – so könnten Sie das auch halten. Der Ansporn ist wichtig: Jedes Mal, wenn ein kleines Kind sich ein Stück Schokolade für später aufhebt, verdient es ein Lob für seine Ausdauer. Auch ein vierjähriger Knirps, der fast eine ganze Stunde auf dem Bahnsteig ausharrt, weil Omas Zug Verspätung hat, verdient Anerkennung und Lob. Das Eis zur Belohnung sei ihm gegönnt; es wird ihn anspornen, sich das nächste Mal wieder zu gedulden. Deswegen muss er nicht bei jeder kleinen Gefälligkeit eine Gegenleistung erhalten. Doch es kann durchaus das bessere Signal sein, sich bei einem Kind für zehn ungestörte Minuten am Telefon überschwänglich zu bedanken, anstatt es zusammenzustauchen, wenn es in zehn Minuten zwanzig Mal unterbrochen hat. <<<

Mit Lob kommen Eltern eher zum Ziel.

Die besten Regeln wachsen mit
Auch die Verhandlungsmasse wird immer größer

■ Kinder sind kooperativer, als wir denken – auch wenn ihre Mitarbeit je nach Alter ganz verschieden aussieht: Ein Baby ist überfordert, wenn es an dem glitzernden Ohrring der Mutter nicht ziehen darf, ein Elfjähriger kann schon selbst Vorschläge machen, wie er sich an den anfallenden Hausarbeiten beteiligen möchte. Ihr Teampartner wird immer kompetenter – daran können Sie anknüpfen.

Mit Babys kann man nicht diskutieren

■ Babys und Kleinkinder sind neugierig und wollen ihre Umgebung erkunden und begreifen. Risiken und Gefahren können sie noch nicht einschätzen. Vorbeugen und zurückhaltend begleiten – mit diesem Kurs liegen Eltern richtig. Kleine Kinder kann man nicht wohnungssicher, aber die Wohnung sehr wohl kindersicher machen. Ein verlässlicher Tagesrhythmus und einige Rituale – zum Beispiel beim Schlafengehen – geben Ihrem Baby die Sicherheit und die Orientierung, die es braucht, um kooperieren zu können.

Kleinkinder sind die geborenen Entdecker: furchtlos, rastlos, erfinderisch und voller Energie. Die Zeiten sind stürmisch, denn die Entdeckung des eigenen Willens macht ihnen (und ihren Eltern) ganz schön zu schaffen. Versuchen Sie, im Umgang mit Ihrem Kleinkind mit möglichst wenigen Regeln und Verboten auszukommen. Reagieren Sie öfter positiv als negativ: »Oh ja, das ist ein schönes großes Messer. Und so scharf. Eines Tages, wenn du fünfzehn bist, werde ich dir auch so ein Messer schenken.«

Doch das wenige Nein! muss klar und einfach sein und immer wieder geduldig wiederholt werden. Achten Sie darauf, dass Sie dabei in gutem Kontakt mit Ihrem Kind sind: hingehen, anschauen, anfassen. Ablenkungen und Ersatzangebote sind ganz wichtige Hilfsmittel für dieses Alter: Wer nicht mit Kartoffelpüree manschen

Wer sein Kind gut kennt, weiß genau, was zu tun und zu sagen ist.

soll, braucht Knete. Wer furchtbar gerne mit Wasser spielt, darf ins Badezimmer gehen – im Wohnzimmer ist das verboten. Wer nicht Mamas Bücher zerfleddern soll, dem kann mit einem alten Telefonbuch zum Zerreißen geholfen werden. Einem Kleinkind fällt es unendlich schwer, von einem interessanten Vorhaben abzulassen. Nehmen Sie die neue Zeitschrift ruhig und bestimmt weg, trennen Sie die Streithähne, ohne Vorwürfe zu machen, stellen Sie den Blumentopf nach oben. Aber handeln Sie rechtzeitig – zur Orientierung für Ihr Kind und bevor Sie die Nerven verlieren.

Das Gewissen ist schon an der Arbeit

■ Turbulent sind die Zeiten um den zweiten, dritten Geburtstag herum: Eltern fordern, dass Verbote beachtet werden, und Zweijährige ahnen, welche Taten ihre Eltern missbilligen. Zwischen dem vollmundigen »Ich will« und dem »Du darfst aber nicht« hin- und hergerissen, finden sie die eigenartigsten Kompromisse. »Nein, daffss nich, nein, nein«, flüstert Philipp angestrengt vor sich hin, während er an den Knöpfen und Schaltern der Stereoanlage herumdrückt. Alle Achtung – die ersten schwankenden Schritte zur Selbstkontrolle sind gemacht.

Das zarte Pflänzchen Vernunft will gepflegt werden: Wieder und wieder darauf hinzuweisen, dass kleine Kinder dies tun und jenes lassen sollen, bleibt ihren Eltern nicht erspart. Denn noch sind ja eigentlich sie das Gewissen ihrer Kinder – und wenn die Stereoanlage verlockend blinkt, fällt es Philipp leichter sich zu bremsen, wenn Mama oder Papa dabei sind. Kleine Pannen kommen immer wieder mal vor. Geduldig lässt sich Paul von seiner Mutter immer wieder erklären, dass man Bonbons lutscht und nicht runterschluckt. »Bombom«, sagt er brav und schluckt sein Bonbon hinunter, »nich runtersslucken.«

Besonders kleine Kinder brauchen sicheren Halt

Schritt für Schritt zur Selbstkontrolle – mit geduldiger Anleitung klappt's immer besser.

Bei einer Familienkonferenz können Eltern und Kinder gemeinsam festlegen, nach welchen Regeln sie zusammenleben wollen

Kindergartenkinder sind so gerne schon groß

■ Kindergartenkinder wollen alles ganz genau wissen und verlangen Erklärungen. Ihre Antworten werden immer wichtiger, denn auf diese Weise zollen Sie dem Wunsch Ihres Kindes Respekt, die Welt und ihre Regeln zu begreifen. Aber überschätzen Sie noch nicht die Kraft Ihrer Argumente. Mit klaren Regeln, einer positiven Erwartungshaltung, Ermutigungen und Ihrem Vertrauen unterstützen Sie Ihr Kindergartenkind, sich Schritt für Schritt in der Erwachsenenwelt zurechtzufinden. Ablenkungen sind jetzt nicht mehr angebracht, ein »Ich weiß, dass du das schaffst«, stärkt die Bereitschaft Ihres Kindes zur Kooperation und seine Selbstachtung. Ihre Anerkennung ist Rückenwind für die Entwicklung seiner Selbstständigkeit. Wenn Ihr Kind eine wichtige Regel verletzt, können Sie ihm das in aller Entschiedenheit sagen. Aber behalten Sie dabei im Hinterkopf, dass es ohne solche Überschreitungen Ihre und seine eigenen Grenzen nicht kennen lernen kann.

Gewissen ist mehr als Gehorsam: Über Verbote hinaus verkörpert das Gewissen ein inneres moralisches Gerüst, das Halt und Orientierung gibt. In den Jahren zwischen drei und sechs wachsen Haltungen und Werte, die als Richtschnur taugen und ein Kind selbstständiger und unabhängiger von seinen Eltern machen. Wenn sich bei kleinen Kindern das Gewissen zu regen beginnt, kommen Eltern nicht umhin, über ihre eigenen Werte nachzudenken – und

Für seine Taten einzustehen kann man lernen – von den Eltern.

über ihr Verhalten. Dass Autos stinken, ärgert jeden, ganz klar. »Aber Papa«, fragt Philipp, »stinkt unser Auto eigentlich auch?«

Wo das Baby noch unbeschwert in den Tag hineinlebt, tragen Vierjährige bereits die Bürde unerfüllter Wünsche und verbotener Verlockungen: Das Gewissen ist schon an der Arbeit. Was man selbst nicht darf und was zu lassen so schwer fällt, das sollen auch andere nicht tun. »Ich soll immer nicht schreien«, empört sich Laura, »aber selber machst du's!«

Kinder haben ein feines Gespür für die Risse in der inneren Haltung ihrer Eltern und ziehen aus Widersprüchen ihre eigenen Schlüsse. Sie formen sich in der Auseinandersetzung mit dem Vorbild, das ihre Eltern ihnen geben. Es ist gut, wenn Eltern sich immer wieder daran erinnern.

Wer war das? Weiß ich doch nicht!

■ Wieder mal ist ein Spielzeug kaputt gegangen. Keksvorräte haben sich spurlos in Luft aufgelöst, Schokolade ist geheimnisvoll hinweggeschmolzen oder die Palme liegt auf einmal neben dem Topf. »Das war ich nicht, das war der andere Philipp«, sucht Philipp mit verlegenem Lächeln einen Ausweg. Für Fünfjährige ist es immer noch schwer zuzugeben, dass sie etwas kaputt gemacht, aufgegessen oder umgeworfen haben. Gegenüber Notlügen kleiner Kinder ist Strenge nicht angebracht, sie verstärkt höchstens ihre Nöte. Streng bestrafte Kinder meinen schnell, sie müssten das nächste Mal nur besser lügen, um nicht erwischt zu werden. Mit Vertrauen und Verständnis kann man den Kindern Brücken bauen: »Mir fällt es auch schwer, Kekse stehenzulassen« und an ihre Einsicht appellieren: »Aber jetzt sind die Kekse alle, und wir hatten doch abgemacht, für Papa welche aufzuheben.« Vielleicht klappt es beim nächsten Mal.

Genau genommen haben wir nämlich gar nichts davon, wenn wir wissen, wer den Blumentopf umgekippt oder das Bilderbuch zerrissen hat. Ganz genau genommen kann es in den meisten Fällen nur darum gehen, den Schaden zu beheben und dafür zu sorgen, dass dergleichen möglichst nicht wieder passiert. Je weniger man sich damit aufhält, den Schuldigen zu suchen, desto mehr Unterstützung wird man dabei erfahren, den Schaden wieder gut zu machen.

Die leidige Suche nach dem Schuldigen lenkt oft vom Eigentlichen ab.

Das A und O: Aufrichtigkeit und Vertrauen

Wichtiger als ein promptes, reuevolles Schuldbekenntnis ist die Aufrichtigkeit, die vom gegenseitigen Vertrauen zwischen Kindern und Eltern lebt. Ein Kind muss erleben, dass man auch über eine Dummheit reden kann und dass sich die Sache wieder in Ordnung bringen lässt. Allerdings neigen auch Kindergartenkinder schon dazu, anderen die Schuld zuzuschieben. Schließlich haben sie von klein auf erfahren, dass Ungeschicklichkeit, Irrtum oder offensichtlicher Ungehorsam handfesten Ärger nach sich ziehen. Nicht weiter verwunderlich, wenn streitende Geschwister ihren heraneilenden Eltern schon von Weitem zurufen: »Der hat angefangen!« oder »Leonie hat das Eis aufgegessen!« Die Petzerei stört Eltern natürlich, andererseits wollen sie trotzdem gerne wissen, wer von ihren Kindern mit dem Hauen anfängt, Süßigkeiten klaut oder den anderen die Sachen kaputt macht.

Einsicht braucht einen guten Grund.

Schuldige sind schnell gefunden, Ursachen muss man suchen

■ Da hilft es zu unterscheiden, was aus Versehen und was mit Absicht passiert ist: Aus Versehen passieren all die Pannen, die uns Eltern so auf die Palme bringen: Umkippen von Saftgläsern, Herunterreißen von Geschirr, Beschädigung von Toastern, Stereoanlagen und Fotoapparaten durch übereifrige, unsachgemäße Benutzung. Hier reicht es, Kindern die eigene Betroffenheit zu vermitteln, sie an der Wiedergutmachung des Schadens zu beteiligen und gemeinsam zu überlegen, wie sich derartiges künftig vermeiden lässt.

Anders sieht das bei den vorsätzlichen Missetaten aus: Hier muss man sich schon bemühen herauszufinden, wer der Barbiepuppe die Haare abgeschnitten hat, wer den Hustensaft in den Schuh geschüttet hat und wer sich an der Carrera-Bahn des großen Bruders unbefugt zu schaffen gemacht hat. Interessant wird es, wenn der Täter feststeht: Warum um alles in der Welt hat das Kind das getan? Manchmal stellt sich dann heraus, dass man den Geärgerten, Geschädigten in Schutz nehmen muss, dass aber auch der Täter Hilfe braucht: Vielleicht wehrt sich da ein hoffnungslos unterlegener kleiner Mensch mit seinen Bosheiten gegen stärkere, geschicktere Geschwister?

Es lohnt sich, das herauszufinden

und die Zusammenhänge zu entwirren. Kleine Kinder stehlen auch noch nicht im üblichen Sinn. Es kann viele Gründe geben, warum sie sich etwas nehmen, was ihnen nicht gehört. Kindergartenkindern fehlt einfach noch die klare Vorstellung von Besitzverhältnissen. Eine klare, sichere Linie in punkto Eigentum hilft, den Unterschied von mein und dein zu erkennen: Was dir gehört, darf niemand nehmen, ohne dich zu fragen. Und so musst du es bei den anderen auch machen. Wer etwas wegnimmt, muss es wieder zurückgeben. Wer etwas kaputt macht, muss es ersetzen. Wer jemandem weh tut, muss sich dafür entschuldigen.

Gnade vor Recht, Hilfe statt Strafe

■ Glücklicherweise sind wir Eltern nicht wie die Polizei an ein starres Gesetz gebunden und können uns leisten, den Täter gegebenenfalls zu trösten und dem Geschädigten vorzuhalten, dass er sich den ganzen Ärger auch selbst zuzuschreiben hat. Und notfalls trösten und besänftigen wir die Kontrahenten eben alle miteinander. Einfühlsam, altersgerecht und einzeln.

Das Einzige, was man in jedem Fall verhindern sollte, ist die Eskalation. Konfliktsituationen neigen leider dazu, sich enorm hochzuschaukeln, wenn nicht wenigstens einer der Beteiligten einen klaren Kopf behält. Wenn Ihnen der Kragen platzt, bevor Sie sich ein Bild von der Sache gemacht haben – gehen Sie aus dem Zimmer, feilen Sie Ihre Nägel, betrachten Sie ein Foto aus der Zeit, als die kleine Nervensäge nebenan noch ein süßes Baby war. Und dann machen Sie sich klar, wie gut Sie bisher alles hingekriegt haben. Es macht auch nichts, wenn das kleine Teufelchen ungeschoren davon kommt, obwohl es in einem Wutanfall die Gardine vom Fenster heruntergerissen und dabei drei Blumentöpfe zertrümmert hat. Manchmal muss man nach einem kräftigen Donnerwetter Größe zeigen und seinen Ärger mit einer Umarmung und einem befreienden Lachen begraben. Sie können sich sogar für Ihren Ausbruch entschuldigen. Wie sonst sollte ein Kind lernen, dass eine Entschuldigung dazugehört, wenn man Mist gebaut hat?

Mit Schulkindern ist gut verhandeln

■ Schulkinder schätzen das Gespräch und brauchen Eltern, die gut zuhören, damit sie verstehen, was ihr Kind beschäftigt und was ihm wichtig ist. Beschwichtigungen, Besserwisserei und Schuldzuweisungen untergraben seine Bereitschaft, Verantwortung zu übernehmen und selbstständiger zu werden. Ganz anders wirkt ein Zuhören, das verstehen will, ohne sich einzumischen. Denn wenn Ihr Kind sich verstanden fühlt, kann es selbst weiterdenken.

Kommt Ihnen das bekannt vor? Um acht Uhr sollen Leon und Charlotte im Bett liegen und schlafen. Aber bis zehn Uhr erscheinen sie immer wieder im Wohnzimmer. Sie haben etwas Dringendes zu berichten, sie machen Unsinn oder verpetzen sich gegenseitig. Die El-

Tief durchatmen und einen Gang runterschalten – so kann man Ausraster vermeiden.

tern mahnen erst geduldig, dann grantig. Irgendwann brüllt einer, Türen knallen, Tränen fließen. Schließlich hocken die Eltern allein im Wohnzimmer und haben keinen Spaß mehr daran.

Wenn Ihr Sohn oder Ihre Tochter immer wieder Dinge tun, die Sie schrecklich ärgern, wenn Sie manchmal überhaupt nicht mehr wissen, wie Sie reagieren sollen, dann ist vielleicht einiges nicht klar genug abgesprochen. Damit sind jedoch nicht Ge- und Verbote gemeint, die Eltern aufstellen und an die sich Kinder zu halten haben. Regeln fürs Zusammenleben müssen bei Kindern in diesem Alter gemeinsam von allen gefunden werden, die mit ihnen leben wollen. Wenn Kinder an solchen Entscheidungen beteiligt werden, verstehen sie, dass das gute Zusammenleben auch ihre Angelegenheit ist. Das kann zum Beispiel so aussehen: Die Eltern erklären, warum sie die Störungen am Ende des Tages so sauer machen: Wir möchten uns in Ruhe unterhalten. Wir möchten den Krimi im Fernsehen sehen, ohne unterbrochen zu werden. Wir möchten uns nach einem turbulenten Tag ausruhen und endlich mal für uns sein. Und die Kinder? Die sind um die Zeit noch nicht müde, sie finden es im dunklen Kinderzimmer unheimlich, ihnen ist noch was ganz Wichtiges eingefallen. Gemeinsam kommt die Familie überein, dass die Kinder um acht nicht schlafen müssen, aber in ihrem Zimmer bleiben sollen. Das Licht kann anbleiben. Wenn sie nicht müde sind, dürfen sie noch spielen.

Überprüfen Sie immer wieder, ob die bestehenden Grenzen noch zu Ihnen und Ihrem Kind passen.

Wer versagt hat, fühlt sich schon schlecht: Aufrichten statt Runtermachen

■ Wenn Kinder einsehen, dass sie sich daneben benommen haben, fällt es ihnen oft nicht leicht, die Konsequenzen zu akzeptieren. Sie motzen, schneiden Grimassen oder lachen, als ob sie völlig unbeeindruckt wären. Sie tun das nicht, um uns noch mehr zu ärgern, sie tun das, um ihr Gesicht zu wahren. Das Selbstwertgefühl eines Sechsjährigen ist oft weniger stabil, als es scheint. Auch wenn ein Kind eine Regel gebrochen und eine Grenze überschritten hat, darf es nicht gedemütigt werden. Luise hat bei einem Sprint durchs Kinderzimmer das Plastikauto ihres großen Bruders zertreten. Ihre Mutter möchte, dass sie hingeht und sich entschuldigt. Luise ist sehr schüchtern und fürchtet sich vor dem Zorn ihres Bruders. Sie möchte lieber ein neues Auto kaufen und es ihm vors Bett stellen. Diese selbst gewählte Wiedergutmachung ist besser als jede erzwungene.

Beschränken Sie auch nicht zur Strafe die Freizeitpläne Ihres Kindes. Klar, dass Paul sein Regal wieder einräumen muss, das er in blinder Wut umgekippt hat. Aber muss das jetzt gleich sein, wo er gerade zum Fußballspielen verabredet ist? Seine Mutter besteht aber darauf, dass er früher nach Hause kommt, um sein Zimmer noch vor dem Abendessen wieder in Ordnung zu bringen. Andererseits darf die Zeit zwischen »Untat« und Folge auch nicht zu lang werden. Wenn das Kind schon gar nicht mehr weiß, worum es eigentlich ging, kann es auch nichts daraus lernen.

Regeln, die sich nicht bewähren, muss man auch wieder ändern können. Unumstößlich sind sie nicht: Wenn einer mit einer Absprache unzufrieden ist, muss er das vorbringen können. Planen Sie eine günstige Zeit dafür ein. Jede Woche zu einer festgelegten Stunde? Dann wird es nicht so leicht vergessen. Oder lieber nach Bedarf? Gibt es eine bestimmte Mahlzeit in der Woche, zu der erfahrungsgemäß immer alle da sind? Im Anschluss daran könnte ein Familiengespräch stattfinden. Solche Verabredungen geben dem Ablauf des Tages, der Woche ein festes Gerüst, das das Zusammenleben erleichtert.

Der Familienrat

■ Einmal in der Woche setzen sich Eltern und Kinder zusammen und besprechen, was jeder auf dem Herzen hat. Geeignet ist alles, was Quelle von Unzufriedenheit ist – die Verteilung der Haushaltspflichten, Taschengeld, Geschwisterstreit, Fernsehgewohnheiten und Hausaufgabenstress. Jeder hat eine Stimme; ein Familienmitglied übernimmt den Vorsitz und achtet darauf, dass sich alle an die Regeln halten: andere ausreden lassen, zuhören, freundlich miteinander umgehen. Sogar kleine Kinder können schon mitmachen:

Kooperation statt Konfrontation: Wenn Sie mit Ihrem Kind gemeinsam nach passenden Regeln suchen, wird es eher bereit sein, sich an sie zu halten.

Regeln für den Familienrat

- Jeder erklärt in Ruhe, was er möchte. Die anderen hören zu.
- Alle machen reihum Lösungsvorschläge: Gibt es einen, auf den sich alle einigen können?
- Nach einer Erprobungszeit kommen alle wieder zusammen: Taugt die Regelung noch? Was wollen wir anders machen?
- Vergessen Sie nicht: Wer zurückgesteckt hat, verdient Anerkennung und Trost – und die Zusicherung: Beim nächsten Mal darfst du bestimmen.

Ausnahmen bestätigen die Regel

Kinder verändern sich, Situationen sind verschieden

Ausnahmen bestätigen die Regel. Das verstehen auch Kinder.

■ Wie eng oder weit Grenzen gezogen werden, entscheidet jede Familie für sich selbst. Gute Regeln müssen passen; sie ähneln eher einem wärmenden Pullover als einem starren Korsett. Sind sie zu eng, brechen die Kinder aus; sind sie zu lasch, fühlen sie sich allein gelassen und ihre Eltern riskieren immer heftigere Provokationen. Und die Ausnahmen? Die gehören auch dazu. Kinder verändern sich, Situationen sind nicht immer dieselben. Warum soll man nicht hin und wieder eine Ausnahme machen, wenn die Regel grundsätzlich klar ist?

■ Philipp fragt am späten Nachmittag, ob er noch zu seinem Freund Paul ins Nachbarhaus gehen darf. Nein, sagt die Mutter, es ist schon spät und wir wollen in einer Stunde zu Abend essen. Philipp besteht darauf, weil er sich Pauls Gameboy geborgt und fest versprochen hat, ihn heute noch zurückzubringen. Eltern vergeben sich nichts, wenn sie sich von einem guten Argument überzeugen lassen. »Wenn das so ist, dann geh noch schnell«, sagt Philipps Mutter, »aber ich freue mich, wenn du das nächste Mal früher daran denkst«.

Nicht jeder kleine Verstoß gegen die Spielregeln muss mit einem Donnerwetter geahndet werden. Kinder brauchen zwar das Gefühl, dass ihre Eltern die Grundlinien des Zusammenseins bestimmen – und nicht sie, die Kinder. Aber sie lernen viel am Modell ihrer Eltern. Haben Sie Ihrem Kind also vermittelt, dass ihm kein Zacken aus der Krone fällt, wenn es einmal nachgibt, dann müssen Sie selbst natürlich auch zu diesem Prinzip stehen. Demonstrieren Sie also gelegentlich, dass Sie vernünftigen Vorschlägen zugänglich sind. Beispielsweise die strikten Schlafenszeiten oder die schöne Gepflogenheit, dass jedes Familienmitglied die Nacht in seinem eigenen Bett verbringt: Müssen sie auch eisern am Wochenende oder in den Ferien eingehalten werden? Warum soll ein Kind nicht ausnahmsweise länger aufbleiben dürfen, wenn Vater oder Mutter von einer Reise zurückkommen? Oder überraschend der Lieblingsonkel abends noch vorbeischaut? Warum soll ein Kind, das den Tod seines Meerschweinchens verschmerzen muss, nicht ausnahmsweise bei den Eltern schlafen dürfen? Kinder verstehen ohne Weiteres, was Ausnahmen sind, wenn die Regeln sicher gelten.

Herausfinden, wie die eigene Familie tickt

■ Familienregeln entstehen manchmal durch klare Absprachen, häufiger jedoch einfach so. Scheinbar ohne absichtliches Zutun der Beteiligten bilden sich bestimmte Gewohnheiten heraus und nehmen die Form von Regeln an, die man als solche erst erkennt, wenn sich ein Familienmitglied auf sie beruft. Plötzlich werden empfindliche Punkte, an denen sich immer wieder Streit entzündet, sichtbar. Da stellt es sich vielleicht heraus, dass der zehnjährige Sohn es für eine Regel hält, dass er nur dann die Spülmaschine ausräumen muss, wenn seine ältere Schwester nicht zuhause ist. Die wiederum glaubt, dass sie nur dann das Geschirr verstauen muss, wenn ihre Mutter sie ausdrücklich darum bittet. Oder ist der Vater insgeheim der Meinung, dass seine schmutzigen Socken ihn eigentlich nichts angehen? Seltsamerweise halten häufig Söhne die freundlichen Bitten ihrer Mütter, etwas zu tun, für eine Meinungsäußerung. Sie setzen sich erst in Bewegung, wenn Mama ihre Sätze mit der klaren Aufforderung beginnt: »Ich möchte, dass Du jetzt gleich ...«

Welche Regeln gelten bei uns? Wer hat sie aufgestellt? Was bewirken sie? Was passiert, wenn sie nicht eingehalten werden? Verschaffen Sie sich einen Überblick über Ihre Familienregeln. Vorsicht, Sie können sich dabei im Gestrüpp von unausgesprochenen Annahmen verheddern. Und versuchen Sie, sich darüber klar zu werden, was Ihnen wirklich am Herzen liegt, auf welche Regeln Sie vielleicht verzichten können und welche Themen vollkommen ungeklärt sind. ◂◂◂

Wer weitermacht wie bisher, bekommt mehr von dem, was er schon hat.

Worauf es mir wirklich ankommt

	nicht so wichtig	sehr wichtig	mal so mal so
Mithilfe im Haushalt	☐	☐	☐
Kinderzimmer aufräumen	☐	☐	☐
Ordnung in der Wohnung	☐	☐	☐
Die Fernsehdosis	☐	☐	☐
Tischmanieren	☐	☐	☐
Verhalten beim Einkaufen	☐	☐	☐
Musikinstrumente üben	☐	☐	☐
Verhalten im Straßenverkehr	☐	☐	☐
Gutes Benehmen	☐	☐	☐
Süßigkeiten	☐	☐	☐
Selbstständig anziehen	☐	☐	☐

Auf das Wie kommt es an

Ein ruhiges Wort wirkt Wunder

Gewalt ist keine Lösung.

■ Die Augen voller Tränen hält Florian sich die brennende Wange. Stumm guckt er auf den Boden, von Zeit zu Zeit schluchzt er auf. Das hat gesessen. Heute wollte Florian mal wieder nicht die Treppen steigen und seine Mutter hatte es doch eilig. Beladen mit Einkaufstaschen ist sie nach einem anstrengenden Arbeitstag zum Kindergarten gehetzt, hat ihren Vierjährigen abgeholt und jetzt will sie nur noch schnell nach Hause. Dann ist ihr der Kragen geplatzt. Sie hat geschrieen, ihn an den Armen gepackt und geschüttelt und ihm dann voller Wut eine Ohrfeige verpasst. Dann hat sie gesehen, was sie getan hat. Und fühlt sich ohnmächtig und schuldig – ein Häufchen Elend. Dabei liebt sie doch ihren kleinen Florian über alles. Warum hört er nicht auf sie? Sie weint. Wie soll das nur weitergehen?

Eltern empfinden ihr Versagen deutlich, wenn sie ihr Kind schlagen. Kaum eine Mutter oder ein Vater glaubt heute noch, dass Ohrfeigen oder Schläge ein geeignetes Mittel zur Erziehung sind. Aber es passiert trotzdem: Rund 80 Prozent der Kinder in Deutschland erfahren laut Familiengewalt-Report 2005 der Universität Halle körperliche Gewalt – vom Klaps auf den Po (76,4%) über die leichte Ohrfeige (53,3%) bis zu schweren Formen von Gewalt (21,3%).

Gewünschtes Verhalten bringen Eltern ihren Kindern mit Strafen, Schlägen oder Einsperren nicht bei. Der plötzliche Schrecken, den das Kind erleidet, fegt erst einmal seinen Kopf leer. Es wird sich nur noch an den Schlag erinnern, aber nicht mehr daran, warum es ihn bekommen hat.

Mit, nicht zu dem Kind sprechen

■ Florians Mutter hätte ihrem Sohn durchaus klarmachen können, was sie von ihm erwartet, etwa so: Sie begibt

Zu einem klaren Gespräch zwischen Eltern und Kind gehört der Blickkontakt

sich auf gleiche Augenhöhe mit ihm, schaut ihn an, nimmt seine Hand in ihre, spricht ruhig und vergewissert sich, dass er sie versteht: »Florian, wir müssen jetzt nach oben gehen und unser Essen mitnehmen. Ich kann dich nicht mehr tragen, weil du zu schwer bist. Kannst du mir bitte helfen, die Taschen zu tragen?« Vielleicht hätte sie so eher seine Bereitschaft gewonnen, mitzuarbeiten. Denn es hilft ja nichts: Kinder fordern Geduld von ihren Eltern, ohne Rücksicht darauf, wie die sich gerade fühlen. In angespannten Momenten kommen vielen Eltern ihre Kinder wie kleine Monster vor. Und schon fährt man aus der Haut, noch ehe man sich ein Bild von der Situation gemacht hat. Es könnte ja wirklich sein, dass das Kind heute sehr müde ist, dann braucht es Ermutigung und Zuspruch. Eine Ohrfeige bewirkt nicht, dass sich die Situation nicht wiederholt.

So kommen Ihre Botschaften an

- Rufen Sie nicht quer durch die ganze Wohnung nach Ihrem Kind, sondern gehen Sie zu ihm hin.
- Schauen Sie Ihrem Kind in die Augen, wenn Sie ihm sagen, was Sie von ihm wollen.
- Berühren Sie es dabei an Arm oder Schulter.
- Finden Sie deutliche Worte: Kurz, klar und verständlich muss eine Botschaft sein, wenn sich ein Kind daran orientieren soll.
- Vergewissern Sie sich, dass Ihr Kind verstanden hat, was Sie ihm gesagt haben.
- Fragen Sie Ihr Kind nach seiner Meinung. Es könnten weitaus bessere Ideen zur Sprache kommen, als Ihnen jemals eingefallen wären.
- Reagieren Sie rechtzeitig, und wenn ein Verhalten Sie empfindlich stört,

Nur so dahingesagt? Gestik, Mimik und Tonfall müssen mit dem übereinstimmen, was Sie sagen.

finden Sie positive Worte: »Mach bitte ...« hört jeder lieber als »Lass das!« Verletzen Sie das Selbstwertgefühl Ihres Kindes nicht. Strikte Verbote reservieren Sie am besten nur für ganz wichtige Fälle.
- Lassen Sie Ihrem Kind Zeit, das zu beenden, was es gerade tut.

So stellen Sie die gleiche Wellenlänge her

- Wir denken oft, dass unsere Kinder schon wissen, was wir wollen. Aber häufig stimmt das nicht. Vergewissern Sie sich deshalb, ob Ihre Bitte, Ihr Wunsch oder Ihre Aufforderung überhaupt verstanden wurde.

Wie sag ich's meinem Kind?

- Musst du denn immer alles kaputtmachen? Finger weg! Hör auf, sonst werde ich echt sauer! Hör doch endlich mal zu! Wie oft soll ich dir noch sagen, dass du mich nicht unterbrechen sollst? – Sagen Sie solche Sätze am besten gar nicht mehr. Sicher müssen Eltern störendes Verhalten ansprechen und darauf dringen, dass ihre Bedürfnisse respektiert werden. Eine Bemerkung wie »Du bist eine furchtbare Nervensäge!« weckt bei Ihrem Kind jedoch nicht die Bereitschaft, sich anders zu benehmen. Sätze, die mit »ich« beginnen und beschreiben, wie den Eltern zumute ist, bringen die Botschaft deutlicher rüber. Sie verzichten darauf, den anderen zu beschuldigen. Der Sender einer Ich-Botschaft offenbart dem anderen seine inneren Empfindungen – nämlich durch

dessen Verhalten gestört, verletzt, enttäuscht, in Verlegenheit gebracht, ärgerlich oder entmutigt zu werden. So haben Aufrichtigkeit und Vertrauen eine Chance, sich zu entfalten. Das Gegenteil geschieht, wenn Eltern eine Auseinandersetzung mit einer Du-Botschaft beginnen, die sich schnell zum fruchtlosen Streit hochschaukeln kann. <<<

Formulieren Sie Ihr Anliegen als Wunsch, Sorge oder Gefühl:

- »Ich mache mir Sorgen, wenn du so spät nach Hause kommst« statt »Immer kommst du so spät. Anständige Kinder tun das nicht.« Oder: »Ich ärgere mich, wenn du mir dauernd ins Wort fällst« statt »Jetzt halt doch endlich mal den Mund!«
- Streichen Sie Worte wie »nie« und »immer« aus Ihrem Wortschatz. »Nie räumst Du auf!« oder »Immer muss ich Deine Klamotten aufheben!« – das stimmt ja so auch nicht. Stattdessen: »Ich freue mich, dass du deine Hosen in den Schrank zurückgelegt hast.« Irgendwann wird das sicher einmal vorgekommen sein – da lässt sich doch anknüpfen!
- Zielen Sie in Konfliktsituationen knallhart auf die Sache, aber nicht aufs Kind. Vermitteln Sie Ihrem Kind das Gefühl, dass Sie es als Person nicht ablehnen, sondern nur das nicht akzeptieren, was es getan hat. Ihr Kind muss wissen, dass es trotz allem immer von Ihnen geliebt wird.

Der Ton macht die Musik! Hören Sie Ihrem Kind wirklich zu und sprechen Sie liebevoll mit ihm, dann kommen Sie eher zum Ziel.

Wie viel Einigkeit muss sein?
So viel wie möglich, aber nicht mehr als nötig

■ »Ich finde dein Getue total albern«, raunzt der Vater seinen vierjährigen Sohn Benni an. Der weigert sich standhaft, von dem, was auf dem Tisch steht, wenigstens etwas zu probieren. »Er soll doch lernen zu essen, was auf den Tisch kommt«, ärgert sich Bennis Vater und schickt einen vorwurfsvollen Blick zu Bennis Mutter, »und außerdem könnte er wirklich langsam mal wissen, wie man Messer und Gabel benutzt!«. Bennis Mutter seufzt. Sie will keinen Krach beim Abendessen und setzt auf das gelebte Vorbild der Eltern: »Das wird er mit der Zeit schon lernen«, beschwichtigt sie ihren Mann. »Und außerdem ist er doch noch so klein.« Mit diesem Satz bringt sie ihren Mann auf die Palme: »Du bist viel zu wenig konsequent«, wirft er ihr vor. Und schon gibt ein Wort das andere, böse Blicke treffen sich und bald herrscht eisiges Schweigen.

Unordnung, Mitarbeit im Haushalt, Schulaufgaben, Fernsehdosis und Tischmanieren stehen ganz oben auf der Liste der Fragen, bei denen sich die Geister im Elternteam scheiden – meistens in einen strengen und einen nachgiebigen Part. Viele Väter finden, dass Mütter zu nachgiebig sind, und betonen, dass Kinder früh klare Grenzen erfahren müssen, damit sie sich im späteren Leben zurechtfinden. Dass Väter gut reden haben, denken die Mütter. Sie können es sich leisten, strenge Prinzipien hochzuhalten. Schließlich sind nicht sie es, die diese im Alltag durchsetzen müssen. Im Allgemeinen jedenfalls, auch wenn der umgekehrte Fall zunehmend häufiger vorkommt. Die Mutter kommt beispielsweise von einem Besuch nach Hause und stellt fest, dass die Kinder um elf Uhr noch immer nicht im Bett sind, sondern mit dem Vater vor dem Fernseher sitzen. Der brummt entschuldigend: »Ach, lass sie doch. Es war gerade so gemütlich bei uns auf dem Sofa.« Fügt er dann noch »bis du gekommen bist« hinzu, ist der Abend gelaufen.

Väter und Mütter dürfen keine Rivalen um die Liebe des Kindes sein.

In einen Streit zwischen Vater und Mutter hineingezogen werden, ist eine große Belastung für ein Kind

Unterschiedliche Meinungen über das Familienleben konstruktiv zu nutzen, ist manchmal ein Drahtseilakt. Aber es lohnt sich!

Eltern müssen nicht immer auf einer Linie sein

■ Wenn Eltern sich in einen strengen und einen nachgiebigen Part aufteilen, hat das meist mit ihrer jeweiligen Nähe beziehungsweise Distanz zum Familienleben zu tun. Prinzipientreue ist einfacher bei größerer Distanz. Jede Nähe, jedes ernsthafte Sich-Einlassen auf Details erfordert Kompromisse. Noch betrifft das häufiger die Mutter. Weil sie meist mehr Zeit mit dem Kind verbringt, muss sie flexibler sein. Sie pendelt ihr Verhalten immer wieder neu zwischen den Bedürfnissen des Kindes und ihren eigenen Richtlinien ein. Im Alltag heißt dies mal nachgeben und dann wieder streng sein.

Der Vater dagegen beurteilt das Verhalten seines Kindes eher aufgrund allgemeiner Erziehungsvorstellungen und Prinzipien. Dieser Gegensatz von Nähe und Distanz lässt sich positiv nutzen: In einer Situation, in der die Mutter zum Beispiel gefühlsmäßig zu wenig Distanz zum Kind hat und vielleicht aus purer Erschöpfung ein bestimmtes Verhalten durchgehen lässt, kann der Vater regulierend auf die beiden einwirken. Vorausgesetzt, sein Ton ist nicht verletzend, sondern vermittelnd.

Aber Kinder dürfen auch nicht zum Zankapfel werden

■ Eltern brauchen nicht so zu tun, als wären sie sich immer einig. Kinder erkennen sowieso, wenn Frieden und Harmonie gemimt werden, obwohl es unter der Oberfläche gärt und brodelt. Missverständnisse, Gedankenlosigkeiten und Meinungsverschiedenheiten kommen in den besten Familien vor und das darf auch so sein: Kluge Eltern versuchen deshalb, Zwischenlösungen zu finden und miteinander zu verhandeln. Wenn Kinder miterleben, dass Eltern faire Auseinandersetzungen führen, lernen sie etwas fürs Leben: Sie sehen, dass es unterschiedliche Meinungen gibt, die manchmal auch nicht miteinander vereinbar sind – und dass das Zusammenleben trotzdem funktioniert.

Wichtig ist dabei immer, dass Eltern die Kinder nicht in einen Loyalitätskonflikt bringen, indem sie ihren Ärger über den Partner über das Kind austragen. Wenn Papa zum Beispiel Bonbons oder Pommes erlaubt, weil Mama das verboten hat, und dann noch eine Verschwörung anzettelt: »Aber nichts der Mama sagen, sonst schimpft sie wieder!« Oder wenn Mama nicht an sich halten kann und dem Kind sagt: »Typisch, dein Vater macht es sich mal wieder leicht und ich kann alles ausbaden!« Solche verschobenen Konflikte belasten das Kind. Es ist überfordert, wenn es Partei ergreifen soll. Wenn Sie irgendwann feststellen, dass Sie sich auffallend oft und erbittert darüber streiten, was gut für das Kind ist und was nicht, dann schauen Sie doch mal genauer hin, ob es nicht vielleicht um etwas ganz anderes geht. Haben Sie vielleicht selbst das eine oder andere aneinander auszusetzen?

Irgendwann schläft das Kind, und dann haben Sie eine stille Stunde, in der Sie mit Ihrem Partner reden können. Wenn Sie etwas Vertrauen in den anderen setzen, können Sie manchen Streit zum Guten wenden. Leben Sie Ihren Kindern vor, wie sich unterschiedliche Positionen konstruktiv nutzen lassen. Es gibt immer mehrere Möglichkeiten, den Familienalltag zu gestalten. Zu verhandeln und einen Kompromiss zu schließen, ist ein schönes Vorbild für kleine Leute, die gerade lernen, wie man miteinander streitet.

Eltern und ErzieherInnen: einig im Großen und Ganzen

■ Meistens gehen Kinder gern in den Kindergarten, aber manchmal weigert sich ein kleiner Unglücksrabe morgens rundherum, einen Fuß vor die Tür zu setzen. Vierjährige können ihrem Kummer noch nicht so gut Ausdruck verleihen. Wenn Thomas oder Marie nur sagen »Da ist es so blöd«, kann das vieles bedeuten. Hat Thomas Angst vor den anderen Kindern? Ist es Marie zu laut in der wuseligen Gruppe? Müssen die Kinder zu lange stillsitzen? Wie auch immer – den Kummer Ihres Kindes müssen Sie ernst nehmen. Wenn Ihr behutsames Nachfragen keine Klarheit bringt, sollten Sie mit der Erzieherin sprechen. Schließlich liegt es in deren Interesse, mit den Eltern im Gespräch zu bleiben. Beide Seiten sind aber auch empfindlich: Eltern, wenn es um ihre

Eltern und ErzieherInnen müssen sich nicht immer einig sein, sollten aber gemeinsame Rahmenvorstellungen haben.

Wenn Kinder selbstständig werden, ist das mit Risiken verbunden

Den anderen als Ergänzung und nicht als Bedrohung verstehen – darauf kommt es an!

Sie darauf dringen, dass es auch im Kindergarten vegetarische Mahlzeiten gibt. Wenn der Rahmen stimmt, bleibt jedoch viel Raum für kleine Unterschiede: Zu Hause muss man nichts essen, was man nicht mag. Im Kindergarten muss man wenigstens probieren. Zu Hause müssen die Kinder manchmal ruhig sein, im Kindergarten dürfen sie nach Herzenslust toben. Zu Hause gibt's manchmal Süßigkeiten, im Kindergarten ist das Zuckerzeug verboten.

Alle Familien machen das Gleiche, aber anders!

■ Dass es anderswo anders zugeht, nehmen Kinder erstaunlich gelassen hin. Sie wissen schon aus Erfahrung, dass andere Familien die gleichen Dinge anders tun als ihre Eltern. Bei den einen wird ein Nachtgebet gesprochen, bei den anderen wird nur vorgelesen, bei den einen wird die Pizza aufgetaut, bei den anderen wird immer alles selbst gemacht. Gut so! Es hat keinen Sinn, Kinder im Glauben aufwachsen zu lassen, dass alle Leute verheiratet sind, Kinder im selben Alter haben, derselben Gesellschaftsschicht angehören und dieselben Ansichten über Tiefkühlpizza und Vollkornspaghetti hegen. In unseren kleiner gewordenen Familien besteht nämlich die Gefahr, dass wir unsere Kinder unter Glasglocken aufwachsen lassen – sie rundum behüten und sorgfältig darauf achten, dass nichts die klare Linie stört, der wir uns mit Leib und Seele verschrieben haben. Manchmal fassen wir dann schnell als Angriff auf, was von anderen nur anders ge-

Kinder geht – ErzieherInnen, wenn es sich um ihre Arbeit dreht.

Wie Eltern untereinander, müssen nämlich auch Eltern und ErzieherInnen sich nicht immer einig sein. Aber die große Linie muss stimmen: Legen Sie Wert darauf, Ihr Kind ohne Strafen und Schläge zu erziehen, werden Sie es nicht hinnehmen, wenn es im Kindergarten hin und wieder zu einem Klaps kommt. Essen Sie zu Hause kein Fleisch, werden

handhabt wird. Solche Unterschiede gelten zu lassen, ist ein Balanceakt, der uns im Umgang mit dem anderen Elternteil, aber auch mit ErzieherInnen oder anderen Eltern viel Umsicht, Geduld und die Bereitschaft abverlangt, uns auch mal hinterfragen zu lassen.

Wie Eltern und ErzieherInnen an einem Strang ziehen können

■ Wenn Eltern und ErzieherInnen sich verständigen können, kommt das allen zugute – in erster Linie den Kindern. Vom ersten Tag an bieten sich Gelegenheiten, ins Gespräch zu kommen. Ihr Kind kennen Sie am besten, die Erzieherin muss es erst kennen lernen. Dass Anna ganz pünktlich nach dem Mittagessen ihre Tropfen nehmen muss und Jakob allergisch auf Erdbeeren reagiert, muss sie von Anfang an wissen. Im Gespräch mit der Erzieherin werden Sie aber erstaunt feststellen, dass manche Gewohnheiten Ihres Kindes im Kindergarten anders sind als zu Hause: Das sonst verschmähte Gemüse schmeckt Lilli in großer Runde richtig gut, und der Schnuller wird von Jan tagsüber keines Blickes mehr gewürdigt. Wie auch die Windel, auf die Max im Kindergarten schon lange verzichtet. Zu Hause allerdings mag er den Service nicht missen.

Die Erzieherin wird sich über Ihr Interesse an ihrer Arbeit freuen. Doch es gibt auch Situationen, in denen sich einer über den anderen ärgert: Lillis Mutter ist sauer, weil das neue Kleid mit Grasflecken übersät ist. Lillis Erzieherin stöhnt über teure Kleidung, die zum Spielen nicht geeignet ist. Löcher in Hosen, vertauschte Schuhe und verlorene Anoraks sind ärgerliche, aber ganz normale Begleiterscheinungen des Kindergartenalltags. Besser man bauscht solche Vorkommnisse nicht zu Katastrophen auf, auch wenn sie sich manchmal im Portemonnaie schmerzhaft bemerkbar machen.

Aber stellen Sie sich zu Ihrem Kind mal 15 oder noch mehr Gleichaltrige vor – und Sie wissen, was eine Erzieherin leistet. Sicher, Eltern übertragen ihre Aufsichtspflicht an die ErzieherInnen. Das heißt aber nicht, dass man ein Kind jede Minute unter Beobachtung haben könnte oder müsste – Sie selbst können das ja auch nicht. Dasselbe Recht zum beschränkten Risiko sollten Sie auch ErzieherInnen einräumen. Eine Erziehung zur Selbstständigkeit ist mit Rundum-Aufsicht nicht zu vereinbaren. Es kann also schon mal

Kinder merken schnell, was bei wem erlaubt ist – und kommen mit den Unterschieden gut zurecht.

Großeltern können eine Bereicherung für alle sein

vorkommen, dass das Kind seine Kleidung zerreißt, Spielzeug verliert oder sich verletzt, genau wie zu Hause. Solche kleinen Unfälle sind der Preis für das Selbstständigwerden. Sie fallen umso harmloser aus, je weniger ein Kind in seinem Bewegungsdrang eingeschränkt wird.

Bei Oma darf ich das!

■ Alles in allem ist es eine feine Sache, wenn ein Kind Großeltern hat. Sie sind so wichtig, wie sie selbst es sein wollen und wie man selbst das zulässt. Aber Achtung: Früher war die Rolle der Großeltern klar festgelegt. Heute leben drei Generationen nur ganz selten für längere Zeit unter einem Dach.

Großeltern sind so beliebt, weil sie quasi aus jeder Erziehungsverantwortung entlassen sind und die Zeit mit dem Kind einfach nur genießen können. Das wird manchmal riskant, denn ihr Verwöhnprogramm ist nur so lange erträglich, wie sie selbst für die Folgen geradestehen. Manche Großmütter wollen insgeheim die eigene Mutterschaft noch einmal erleben und wissen sowieso alles besser. Nicht selten ist das Verhältnis zwischen Großeltern und Eltern konfliktanfällig: Man verbringt mehr Zeit miteinander, seit das Kind auf der Welt ist. Das schafft Freiräume, aber auch Reibungspunkte. Mit der Geburt eines Kindes warten neue Rollen auf alle Familienangehörigen. Aus Kindern werden Eltern, Eltern werden

Bei Meinungsverschiedenheiten zwischen Eltern und Großeltern liegen oft alte Konflikte zugrunde, die es zu klären gilt.

Großeltern, Geschwister Onkel und Tanten: Ein Kind macht die Bindungen wieder bewusster. Alte Erinnerungen werden wach, man beschäftigt sich wieder mehr mit den eigenen Eltern, wenn man über seine Elternrolle nachdenkt. Dabei sind schöne Wiederannäherungen genauso möglich wie die Wiederauferstehung alter Konflikte!

Unerwartet stellen sich komische Gefühle bei manchen Eltern ein: Das eigene Kind läuft einem den Rang ab, plötzlich spielt man selbst bei den Eltern nur noch die zweite Geige. Auch das ist eine Aufgabe für Eltern: sich von der Zuwendung ihrer eigenen Eltern unabhängig zu machen und eine eigene Vorstellung vom Familienleben zu entwickeln.

Wie sich Konflikte entschärfen lassen

■ Konträre Erziehungsvorstellungen machen den entspannten Umgang von Eltern und Großeltern manchmal schwer. Nicht selten verstehen Eltern die Aktivitäten der Großeltern als Einmischung, Besserwisserei oder gar Hintergehen. Beide Seiten sollten sich ganz bewusst davor hüten, das Kind in einem Konflikt zu instrumentalisieren – ähnlich wie streitende Elternpaare. Großeltern: »Nein wirklich, die Mama kann keine Kartoffelpuffer machen? Sie kauft sie immer tiefgefroren? Dann komm' mal zu mir, damit du was Richtiges zu essen bekommst.« Eltern: »Oma hat keine Ahnung, was für dich gut ist. Wenn sie dich stundenlang fernsehen lässt, darfst du nicht mehr hin.«

Kluge und erfahrene Großeltern halten sich zurück! Sie beschränken sich auf die Freuden und überlassen die Erziehung den Eltern. Eltern üben sich in Toleranz, sagen, »hm« und »aha«, und machen es dann doch so, wie sie es für richtig halten.

Als junge Familie den eigenen Weg finden

■ Wenn Ihre Eltern und Schwiegereltern sich einmischen, wehren Sie sich. Stehen Sie zu Ihrem Partner. Wenn das alles nichts hilft, gehen Sie besser auf Distanz, als ständige Streitereien zu riskieren. Großeltern können ein Segen sein, wenn das Terrain freundlich und klar abgesteckt wird. Aber stellen Sie sicher, dass Sie in Erziehungsfragen das Sagen haben; geben Sie die Verantwortung niemals ab, die Kämpfe zur Rückeroberung sind viel zu anstrengend und wenig erfolgreich.

Klären Sie gemeinsam mit Ihrem Partner, wie Sie sich den Kontakt zu den Großeltern nach der Geburt des Kindes vorstellen. Auf Ihre Einigkeit kommt es an! Zeigen Sie Ihrem Partner unbedingt, dass Sie zwischen Ihrer eigenen Familie mit ihren Besonderheiten und den Wünschen, gut gemeinten Absichten und Ratschlägen der Großeltern einen Schutzwall errichten. Neue Familien müssen eigene Vorstellungen von Erziehung und Familienleben erst entwickeln. Ihre Haltung ist am besten unmissverständlich: Hilfe und Unterstützung begrüßen, aber keine Einmischung dulden – das hilft, Einvernehmen herzustellen. <<<

Zurückhaltung bei den Großeltern, Toleranz auf Seiten der Eltern – so lässt sich Einvernehmen herstellen.

»Möchtest du vielleicht deine Zähne putzen?«

Oder warum die Beziehung zwischen Eltern und Kindern nicht immer demokratisch sein kann

■ Das hingeschnodderte »Manno, ich will aber nicht«, das entrüstete »Neiiinnn!« und das dreiste Überhören jeder noch so höflichen Aufforderung, jetzt endlich zu tun, was sie sollen, kann täuschen. Kinder wissen es durchaus zu schätzen, wenn sie gefragt werden – und manchmal geht das ja auch gut. Mit einem Fünfjährigen kann man sich zusammensetzen, ein ernstes Gesicht machen und sagen: »Also, wie machen wir das jetzt: Wir können heute Nachmittag kurz schwimmen gehen und danach einkaufen. Oder wir gehen nach dem Einkaufen gleich nach Hause und bleiben dafür morgen den ganzen Nachmittag im Schwimmbad.« Wenn das Kind dann verständnisvoll nickt, kurz abwägt und sich für den ausgedehnten Schwimmbadbesuch am nächsten Tag entscheidet, kann die Mutter aufatmen. Denn zu Hause wartet ein Berg Wäsche, die Küche sieht aus wie ein bewohnter Bombentrichter, im Kühlschrank herrscht gähnende Leere und abends werden Gäste erwartet.

Erziehung in den Grenzen des Machbaren

■ Erziehung gibt immer vor, nur an den Bedürfnissen der Kinder orientiert zu sein. Manchmal – genau genommen öfter, als man zugeben möchte – stehen die Vorlieben und Abneigungen oder auch die Alltagszwänge und Bedürfnisse der Erwachsenen im Vordergrund. Das ist halb so schlimm, wie es klingt. Im Gegenteil: Der Wunsch nach Ruhe und Bequemlichkeit, die unterschiedliche Tagesform, das enge Zeitbudget und eine notorisch knappe Haushaltskasse sind nun mal die Rahmenbedingungen, unter denen Erwachsene eine Familie zu managen haben. Mit dem Kind partnerschaftlich umge-

Eltern und Kinder sind nicht gleichberechtigt, sondern gleichwürdig.

Ein starkes, selbstbewusstes und eigenständiges Kind – das Erziehungsziel vieler Eltern

hen zu wollen, ist ein hehres und sehr modernes Erziehungsziel, das von allen am wenigsten verdächtig ist, dem Eigennutz der Eltern zu dienen. Schließlich lässt man sich auf ein langwieriges, mitunter anstrengendes Verfahren ein: Das Mitspracherecht der Kinder bei allen Entscheidungen führt nicht zu schnellen Ergebnissen. Gleichberechtigung ist schön und gut, aber können Kinder da wirklich mithalten? Oder ist das Kind in der Rolle des Partners, dessen Meinung zu wichtigen Familienentscheidungen gehört werden muss, nicht von vorneherein dazu verurteilt, hochfliegende Erwartungen zu enttäuschen?

Starke, selbstbewusste Kinder – ein Erziehungsziel ersten Ranges

■ Wenigstens über das Ziel ihrer erzieherischen Anstrengungen sind sich die meisten Eltern heute einig: Sie wollen starke kindliche Persönlichkeiten, Kinder, die selbstständig, selbstbewusst und entscheidungsfähig für ihre eigenen Belange eintreten können. Sie sollen belastbar, leistungsmotiviert, selbstdiszipliniert sein, im sozialen Bereich Kooperationsfähigkeit, Hilfsbereitschaft und Verantwortungsgefühl zeigen. Und auch sich selbst verlangen die Eltern viel ab: Das Einfühlungsvermögen soll groß, das Verständnis fürs Kind soll breit, das alte Machtwort überflüssig und die freudvoll miteinander verbrachte Zeit reichlich bemessen und auf der Basis gleichberechtigter Partnerschaft freundlich gestaltet sein.

Frühere Eltern betrachteten es als selbstverständlich, ihrem Kind Vorschriften zu machen und auf deren Befolgung zu dringen. Wenn Menschen heute kleine Menschen großziehen, liegt der Akzent auf Partnerschaft. Der Wandel stellt deutlich höhere Anforderungen an die Fähigkeiten der Eltern, sich auf die Kinder einzustellen. Man soll den gleichberechtigten Diskussionsstil pflegen, Entscheidungen kindgemäß begründen, mit sanftem Nach-

Die Interessen von Eltern und Kindern gehen bisweilen auseinander und dürfen das auch.

Je älter Kinder werden, desto wichtiger wird es, sie nach ihrer Meinung zu fragen und ins Gespräch zu kommen

druck auf bestimmte Umgangsformen bestehen und ganz unaufdringlich Hilfestellung bei der Persönlichkeitsentwicklung leisten. Uneigennützigkeit und pädagogische Fachkenntnisse sind ein Muss in der zeitgemäßen Eltern-Kind-Beziehung. Manche Eltern vergessen dabei, dass sie Eltern sind.

Mitbestimmung braucht sorgsame Dosierung

■ Manche Mütter und wenige Väter, besonders die, die alleine erziehen, legen Wert darauf, die besten Freunde ihrer Kinder zu sein. Sie sehnen sich nach einem anderen Erwachsenen, mit dem sie die Bürden der Elternschaft teilen können und landen damit dann bei ihrem Kind, dem sie zu viel Verantwortung aufladen, wenn sie in ihm den Partner sehen. Sie bitten um Verständnis, wo ihre eigenen Eltern vielleicht noch auf die Befolgung von Anordnungen gesetzt haben. Sie fürchten, die Liebe des Kindes aufs Spiel zu setzen und können es schwer aushalten, wenn das Kind motzt und tobt und seine Mama für den Moment gar nicht ausstehen kann. Doch wenn es nicht immer wieder dabei enden soll, einen Vierjährigen zu umschmeicheln, der sich nun mal vorgenommen hat, dem Schneesturm draußen im T-Shirt zu trotzen, oder sich bei dem Siebenjährigen zu erkundigen, wann ungefähr er seine

Wenn aus Kindern Kumpel und Komplizen werden, schadet das ihrer Entwicklung.

Hausaufgaben erledigen möchte, kommen Eltern nicht umhin, das Mitspracherecht der Kinder sorgsam abzuwägen. Es muss ja nicht so weit kommen, dass man fragt, »Was meinst du, mein Schatz, sollte Mami einen Halbtagsjob annehmen?«, wenn man im Grunde keine andere Wahl hat. Aber ein bisschen Familiendemokratie kann nicht schaden, denn wenn Kinder immer nur herumkommandiert werden, werden sie schon bald aufbegehren und jede Regel umgehen, wann immer sich die Gelegenheit dazu bietet. Das Kind früh bei Entscheidungen mitbestimmen zu lassen und ihm Stück für Stück etwas mehr Verantwortung zu übertragen – das lohnt sich durchaus.

Kinder sind keine Partner

■ Denn es gibt sie ja durchaus, die schönen Momente, in denen es gelingt, ein willensstarkes Kind zum Einlenken zu bewegen – mit nichts anderem als der Überzeugungskraft eines Arguments, einem sorgsam dosierten Gegenvorschlag, einem Appell an die vier-, fünf- oder sechsjährige Vernunft. In diesen Sternstunden, wenn das Kind ein Einsehen hat, blitzt er wieder auf: der schöne Elterntraum von einer guten, liebevollen Beziehung, die wie eine gute Ehe oder Freundschaft funktioniert. Kinder und Eltern als gleichberechtigte Partner, wo Konflikte ausdiskutiert werden, so dass es weder Gewinner noch Verlierer gibt – das hätten wir wohl gerne.

Was sich in der Theorie so gut anhört, gleicht in der Praxis der Aufgabe, eine Wandergruppe aus Athleten und Fußkranken bei Nebel und ohne Kompass, ohne Karte durch unwegsames Gelände in ostwestlicher Richtung zu führen, und zwar so, dass alle gutgelaunt und möglichst gleichzeitig an einem Ziel ankommen. Anders gesagt: Alles aushandeln zu wollen, treibt selbst wohlmeinende Eltern in den Wahnsinn.

Das Kind kann nicht immer ein gleichberechtigter Partner sein – das lehrt die Erfahrung, und das sagen mittlerweile auch die Pädagogen. Natürlich muss man Kinder angemessen am Familiengeschehen beteiligen und Dinge, die alle angehen, auch gemeinsam bereden. Aber mal ehrlich: Die Lösungen und Entscheidungen sind in den allermeisten Fällen doch das Ergebnis der erwachsenen Ansichten und Einsichten – und die Kinder müssen sich damit arrangieren.

... und Eltern sind Vorbilder

■ Sie sind nämlich keine Partner. Von einem guten Partner darf man erwarten, dass er abends, nachdem er sich verabschiedet hat, auch ins Bett geht und nicht noch zehnmal wieder auftaucht, um ein Glas Wasser, eine Geschichte, einen Kuss und noch ein Gutenachtlied zu verlangen. Partner dürfen mit Recht voneinander erwarten, dass einer des anderen Bedürfnisse achtet und bei dem, was er tut, auch das Wohl des anderen mit bedenkt. Gute Partner sind im gleichen Interesse vereint – die von Eltern und Kindern gehen bisweilen auseinander. Paul möchte morgens sein Piratenschiff auftakeln, sein Vater möchte, dass er endlich seine Schuhe

Kinder wissen, was sie wollen – aber oft nicht, was sie brauchen.

anzieht und zum Kindergarten geht. Denn Pauls Vater muss schleunigst zur Arbeit. Gute Partner muss man nicht erst mit Nachdruck für die eigene Sicht der Dinge gewinnen. Kinder schon. Und es ist auch ihr gutes Recht, langsam und ihrem Entwicklungsstand entsprechend in das Dickicht von Notwendigkeiten und Verpflichtungen hineinzuwachsen. Demokratie und gleichberechtigtes Entscheiden – das erlernen Kinder schrittweise.

Das geht dich gar nichts an!

■ Kinder mögen es, gefragt zu werden. Dadurch lernen sie das Für und Wider einer Sache zu bedenken, die Wahl zwischen mehreren Möglichkeiten zu treffen, abzuwägen und Entscheidungen zu begründen. Und sie lernen, selbst Verantwortung zu übernehmen. Wie wichtig dieser Prozess ist, kann man überall da beobachten, wo er fehlt. Gibt es Erstaunlicheres als schuldbewusst zusammenzuckende Mütter, die von ihren acht- oder neunjährigen Kindern getadelt werden, weil sie vergessen haben, morgens an den Turnbeutel zu denken oder den Fahrradhelm zur Klassenfahrt mitzubringen? Die von ihren Kindern zusammengestaucht werden, weil sie versäumt haben, den Besuch bei der Oma am Nachmittag rechtzeitig anzukündigen? Eltern, die immer das Einverständnis des Kindes einholen, legen einen Gehorsam an den Tag, der hauptsächlich dazu dient, Auseinandersetzungen mit dem Kind zu vermeiden.

Wenn Eltern ihr Kind bei allem mitentscheiden lassen wollen, können sie es auch gewaltsam zum Partner machen – und das ist wirklich besorgniserregend: Wenn Eltern ihre Kinder ganz partnerschaftlich in Situationen bringen, die sie gar nicht überschauen können. Man kann dem Kind die eigenen Sorgen aufladen (»Wenn ich meinen Job verliere, kann ich kein Geld mehr verdienen und nichts mehr zu essen kaufen. Dann ist alles aus.«), man kann es zum Verrat am anderen Elternteil anstiften (»Und wie war sie so, Papas neue Freundin? Haben sie über mich geredet?«) oder als Vollzugshelfer der eigenen Pläne benutzen (»Wenn du Oma das nächste Mal besuchst, dann erzählst du ihr, dass Mama und Papa große Sorgen wegen dem Geld haben. Aber du musst so tun, als ob wir nichts davon wissen dürften!«).

Am besten hält man es mit den alten langweiligen Ratschlägen: Es gibt durchaus Dinge, die man von Kindern fernhalten muss, die Kinder nichts angehen und bei denen Kinder nicht mitentscheiden dürfen.

(Mit-)Entscheiden will gelernt sein

■ Es hat nämlich keinen Sinn, einen Dreijährigen zu fragen, welches Auto seiner Meinung nach angeschafft werden soll oder wo die Familie den Jahresurlaub am besten verbringt. Fangen Sie also mit Entscheidungen an, die eher belanglos sind: Milchreis oder Würstchen zum Abendessen? Roter oder blauer Pullover? Steigern Sie langsam: Wollen wir am Wochenende ins Puppentheater oder in den Zirkus gehen?

Wer aus seinen Fehlern und Fehlschlägen lernen darf, wird klug.

mal wenig hilfreich: Mit einem Kind, das sich weigert, sich im Auto anschnallen zu lassen, wird man sich kaum auf einen Disput einlassen. Ein dreijähriges Kind, das sich weigert, den Löffel bittere Medizin zu schlucken, wird man nicht mit medizinischen Erläuterungen zu überzeugen versuchen. Wenn nichts mehr hilft, muss man es zwingen, die Medizin zu schlucken. Ist es vier Jahre alt, kann man schon eher ein kleines Geschäft abschließen: »Liebchen, das musst du jetzt nehmen, damit du schnell wieder gesund wirst, und danach lese ich dir eine Geschichte vor.« Sind noch einmal vier Jahre vergangen, wird man schon Pro und Kontra schulmedizinischer oder homöopathischer Behandlung erörtern können. Und hinterher doch darauf bestehen müssen, dass eine bestimmte Medizin genommen wird.

Schon kleine Kinder kann man veranlassen, das Für und Wider verschiedener Möglichkeiten zu überdenken und die Folgen dieser oder jener Entscheidung mit zu berücksichtigen. Der Alltag ist ein weites Übungsfeld für künftige Selbstentscheider, das Gelegenheiten in Hülle und Fülle liefert. Lassen Sie Ihre Kinder verschiedene Joghurtmarken probieren, den Preisunterschied errechnen und überlegen, was man mit dem eingesparten Geld anfangen kann. Stellen Sie anheim, den Bus zu nehmen oder den Weg zu Fuß zu gehen und mit dem Geld etwas anderes anzufangen.

Pläne zu schmieden, eine Wahl zwischen verschiedenen Möglichkeiten zu treffen und aus einem Dilemma das Beste zu machen – das ist eine gute Übung fürs Leben. Aber man geht es besser sachte an; Demokratie entsteht schrittweise. Diskussionen sind manch-

Immer mehr Verantwortung

■ Lassen wir unser Kind so oft es geht bei Entscheidungen mitreden, aber überfordern wir es nicht. Und übertragen wir ihm nach jedem Geburtstag eine etwas größere Portion Verantwortung. Doch, ein bisschen Familiendemokratie kann nicht schaden. Aber fangen Sie klein an und überfordern Sie Ihr Kind nicht, aber fangen Sie an. Je früher es beginnt, Entscheidungen zu treffen, deren Folgen es auch tragen kann, desto eher dämmert ihm eine schlichte Wahrheit aus dem Erwachsenenleben: Wie man sich bettet, so liegt man. <<<

Verantwortung fängt klein an und wächst mit.

Typische Konfliktherde
Stress am Morgen, Zoff am Abend: immer wieder dasselbe

■ In verschiedenen Familien machen Kinder verschiedene Erfahrungen: Laura hat zwei Geschwister, ständig ist das Geld knapp. Manchmal muss sie schon den Jüngsten beaufsichtigen. Seit Mamas Freund eingezogen ist, hat Moritz unversehens zwei ältere Brüder. Lange war er Mamas großer Junge, jetzt ist er auf einmal das Nesthäkchen der Familie. Drei Jahre lang war Marie der Augenstern ihrer Eltern. Jetzt hat sie einen kleinen Bruder und fühlt sich abgeschoben. Auf einmal soll sie die Große sein und alles dreht sich nur noch um das Baby.

Familien sind unterschiedlich – verheiratete und unverheiratete Eltern, Alleinerziehende, kleine und große Familien, Pflegefamilien. Doch so verschieden sie auch sind, die Konflikte ähneln sich häufig. Wegen Aufräumen, Anziehen, Mithelfen, falscher Ausdrucksweise und wegen gutem oder schlechtem Benehmen gibt es in jeder Familie immer wieder Krach. Viel davon lässt sich entschärfen, wenn Eltern sich klarmachen, was ihnen wirklich wichtig ist, und erkennen, wo ihr Kind gerade steht – und wo es ein wenig Anleitung und Unterstützung braucht.

Jedes Kind braucht das Gefühl, in seiner Familie einen anerkannten Platz zu haben. Es schöpft sein Selbstwertgefühl daraus, dass es lernt, sich um seine Angelegenheiten zu kümmern und Verantwortung zu übernehmen. Liebevolle, verlässliche Grenzen, die Eltern setzen, helfen auf dem Weg in die Selbstständigkeit.

Am Anfang ist es keineswegs eine Entlastung, wenn Kinder etwas selbst machen. Es braucht Geduld zuzusehen, wie ein Dreijähriger sich müht, einen Schnürsenkel durch die Öse zu stopfen, wie ein Vierjähriger den Haustürschlüssel ins Schloss pfriemelt, wie ein Fünfjähriger die Teller auf den Tisch balanciert. Doch wie stolz sind die Kleinen, wenn sie es geschafft haben!

Mütze? Schulbrot? Turnbeutel? Vergessen…

■ Jan vergisst immer wieder, den Rest seines Schulbrotes aus dem Ranzen zu nehmen. Seine Mutter ist oft versucht, es einfach selbst herauszufischen, anstatt ihren Sohn daran zu erinnern. Aber er soll doch lernen, sich um seine Angelegenheiten selbst zu kümmern. Auch auf Turnzeug, Zeichenblock, Bastelmaterial oder Fußballtrikot kann mein Kind doch allmählich selbst achten, stöhnen die Mütter von Fünf-, Sechs- und Siebenjährigen. Sicher, man kriegt ein Extraküsschen, wenn man den vergessenen Turnbeutel oder den Fahrradhelm hinterher trägt. Aber zur

Übung macht auch beim Selbstständigwerden den Meister!

Gewohnheit sollte das nicht werden. Für die Selbstständigkeit eines Kindes ist das ständige Nachtragen so hilfreich, wie einem Schulkind Windeln anzubieten.

Eltern werden immer versuchen, ihrem Kind Enttäuschungen, Blamagen und Misserfolge zu ersparen und es immer ein bisschen zu sehr beschützen wollen. Der ausgleichende Faktor ist der heftige Widerstand der Kinder: Sie wollen Neues kennenlernen, Fehlschläge riskieren und selbstständig werden. Deshalb schlagen sie gute Ratschläge in den Wind, weil sie unbekümmerter an die Dinge herangehen, weil sie ihre eigenen Grenzen nicht kennen und natürlich auch, weil es ihnen an Erfahrungen fehlt.

Alles, was ein Kind befähigt, Dinge selbst zu tun und Verantwortung zu übernehmen, ist sinnvoll. Alles, was dazu führen kann, dass es mit fünfzehn immer noch fragt: »Wo hast du denn wieder meine Turnschuhe gelassen?«, ist hinderlich. Wann man die Fürsorge übertreibt und wann man einfach nur elterliche Verantwortung übernimmt, muss man selbst entscheiden. Aber entscheiden muss man es! Dabei sollten die Umstände und die Eigenheiten des Kindes mitbestimmen, wenn es darum geht, wie lange es wegbleiben, wie weit und wohin es gehen oder fahren darf. Wichtig sind klare Absprachen, aber vergessen Sie nicht, Ihre Entscheidungen regelmäßig zu überprüfen. Ihr Kind wird schnell älter. Wenn Ihr Sohn oder Ihre Tochter sich ständig selbst mehr zutrauen, als Sie erlauben wollen, kann es vielleicht auch daran liegen, dass Sie

Selbstständig werden Kinder Schritt für Schritt

zu ängstlich sind. Ein bisschen Herzklopfen gehört immer dazu, wenn man Kinder beim Großwerden begleitet.

Lila Pulli, roter Rock?

■ Wer bestimmt, was Ihre Tochter morgens anziehen soll? Sie meinen, wenn sie ihre Kleidung selbst aussucht, geht sie los wie ein Papagei oder im Winter wie zum Badeausflug? Wie soll sie

> Wer einem Kind stets hilft, noch das kleinste Hindernis zu bewältigen, erlaubt ihm nicht, die Grenzen der eigenen Kräfte zu entdecken.

Jede Familie muss ihre eigenen Regeln für das gemeinsame Essen finden

einen eigenen Geschmack und praktische Vernunft entwickeln, wenn sie nicht üben darf? Lieber ein selbstbewusster, fröhlicher Papagei als eine unselbstständige, unsichere Tochter. Benjamin ist, wie die meisten Jungen, ganz anders. Er zieht an, was seine Mutter hinlegt. Aber wäre nicht auch ihm gedient, wenn er sich selbst um seine Sachen kümmern würde?

Wie kommt Ihr Kind mit den Verschlüssen an seiner Kleidung zurecht? Kleine Knöpfe vorn, Reißverschluss hinten – und erst die Schnürsenkel! Wenn Sie jüngere Schulkinder aus der Schule schlurfen sehen, zieht mindestens eines seine Schnürsenkel hinter sich her. Sicher, es lohnt sich, schon beim Schuhkauf darauf zu achten, ob das Kind gut alleine zurechtkommt. Zwar können die meisten Sechsjährigen schon Schleifen binden, manch einer lernt es aber auch erst später. Deshalb muss man nicht ausschließlich Schuhe mit Klettverschluss anschaffen. Es kann eine wichtige Erfahrung sein, über die offenen Schnürsenkel zu stolpern, um zu erkennen, welchen Sinn gebundene Schleifen haben.

Kleine Helfer im Haushalt

■ Laura füttert die Katze, Alexander deckt den Tisch, Leon räumt die Spülmaschine aus. Fünf- und sechsjährige Kinder, die für kleine Dinge Verantwortung übernehmen, erleben sich selbst als wichtiges Mitglied der Familie. Wenn Sie im Haushalt alles allein machen, verhalten sich die Kinder bald wie Gäste im »Hotel Mama«. Sie haben keine Ahnung, wie viel Mühe ein Haus-

Wer Perfektion erwartet, nimmt einem Kind die Freude daran, selbstständig zu werden.

halt erfordert. Sicher könnten Sie nach dem Essen die paar Teller auch allein vom Tisch räumen, statt jedes Kind davon zu überzeugen, dass es das selbst tun kann. Aber es ist ein Zeichen von Missachtung, wenn alle aufspringen und weglaufen, als wären sie dafür nicht zuständig. Wenn Sie in Eile sind, fehlt Ihnen sicher die Geduld und manches geht schneller, wenn Sie es selbst machen. Aber das ist bestimmt nicht immer so.

Jetzt werden Sie sagen, nur zu gern überließen Sie Ihrem Kind einiges im Haushalt, aber es will ja nicht! »Ich soll immer nur der Müllmann sein«, protestiert Philipp heftig gegen die ihm zugeteilte Aufgabe. Lieber würde er mal Brötchen holen oder mit dem Hund rausgehen. Kuchenteig rühren, Gurken schneiden oder die Einkaufstasche auspacken sind Aufgaben, die viele Kinder gern übernehmen – wenn man sie lässt. Und warum soll sich nicht jeder die Aufgaben aussuchen, die er oder sie gerne macht? Probieren Sie es doch einfach mal aus. Wer eine selbst gewählte Aufgabe übernommen hat, wird sie sicher mit mehr Freude erledigen.

Warum kluge Eltern sich wie gute Gastgeber verhalten, wenn ein Malheur passiert

■ Es klappt natürlich nicht immer, manchmal geht ein Teller zu Bruch oder das Ei klatscht neben die Teigschüssel. Sei's drum. Über Pannen gehen Sie am besten taktvoll und heiter hinweg. Die freudige Mithilfe eines Kindes, dem man etwas zutraut, ist viel zu kostbar, um sie durch Genörgel aufs Spiel zu setzen. Kinder, die im Haushalt mitmachen dürfen, fühlen sich in das Leben der Großen miteinbezogen und ihr Selbstvertrauen wächst.

Außerdem wehren sich Kinder mit Recht, wenn sie immer nur Hilfsdienste übernehmen sollen. Könnten sie sich nicht auch mal an interessanten Aufgaben versuchen? Nicht nur das Gemüse klein schneiden, sondern den ganzen Salat alleine machen? Könnte Ihr Kind sich nicht mal an einen Kuchenteig wagen? Lesen Sie einfach das Rezept vor und lassen Sie Ihr Kind machen: fünf Eier aufschlagen, erst Zucker, dann Mehl dazukippen und den Mixer anstellen... Ein Kuchen ist ein überschaubares Vorhaben, dezente Regie verhindert, dass er misslingt. Und kaum ein Pro-

Kinder wollen nicht nur Hilfsdienste erledigen, sondern eigenverantwortlich Aufgaben übernehmen – das macht sie stolz.

Ein paar kleine Handgriffe am Abend helfen, entspannter in den nächsten Tag zu starten.

dukt aus der Küche wird mit so vielen wohlwollenden Ahs und Ohs quittiert. »Den hast du selbst gemacht? Der schmeckt ja wunderbar!«, lässt Kinder vor Stolz strahlen. Und das begeisterte Echo hält die Freude an der Selbstständigkeit wach. Wenn Ihre Tochter Kartoffeln geschält hat, lassen Sie die kleinen Schalenreste ruhig dran. Um Ihrem Sohn den Spaß am Spülen nicht zu verderben, lassen Sie die Ränder in den Tassen und das kalte Spülwasser durchgehen. Mit einem freundlichen Hinweis und einem Dankeschön wird es beim nächsten Mal sicher schon besser klappen.

Stress am Morgen

■ Haben Sie auch fast jeden Morgen das Gefühl, dass es noch viel zu früh ist zum Aufstehen? Und dann sollen Sie noch eines oder mehrere Kinder in Trab setzen, damit sie rechtzeitig in den Kindergarten oder in die Schule kommen. Der frühe Morgen ist eine schlechte Zeit für geruhsames Familienleben. Alle möchten gleichzeitig ins Bad, die Morgenmuffel haben nicht genug Zeit, wach zu werden. Und frühstücken sollen sie auch noch! Oft geht es dann weiter, als seien alle mit dem linken Fuß zuerst aufgestanden. Die Kleine trödelt, der Große findet seinen Turnbeutel nicht, Ihr Partner wirft die Kaffeetasse um, und Ihnen platzt der Kragen. Das muss doch auch anders gehen! Mit etwas Voraussicht lassen sich vielleicht ein paar Dauerbrenner umgehen.

Vielleicht können die Kinder abends statt morgens duschen? Die Kleidung kann schon am Abend zurechtgelegt werden. Manch ein Kind braucht trotzdem nervend lange, bis es seinen Weg in die Strumpfhose gefunden hat, weil es zwischendurch noch üben muss, mit den Zehen einen Bleistift aufzuheben. Hilft hier vielleicht eine Eieruhr?

Auch der Schulranzen kann am Abend vorher gepackt werden. Wie wäre es mit einer Checkliste an der Kinderzimmertür:

- Ist alles in der Mappe drin?
- Ist morgen Turnen?
- Soll ich etwas Besonderes mitbringen?
- Steht etwas im Mitteilungsheft?

Wenn Ihr Kind sich daran gewöhnt, die Liste regelmäßig durchzugehen, kann das manchen Zündstoff entschärfen. Denn tägliches Drängen und Meckern ist auf die Dauer keine Lösung. Sonst glaubt Ihr Kind, es tue Ihnen einen Gefallen, wenn es rechtzeitig fertig wird. Dabei ist das seine Angelegenheit. Gehen Sie den morgendlichen Ablauf gemeinsam durch und machen Sie einen Plan, wie es besser laufen kann.

Immer diese Schimpfwörter!

■ »Arschloch«, »Furzgesicht«, »Kackwurst« sind Ausdrücke, von denen Kinder fasziniert sind. Wenn sie über solche »starken« Worte verfügen, fühlen sie sich groß und mächtig wie Erwachsene. Gegenüber ihren Eltern benutzen sie die Ausdrücke als Versuchsballon: Je heftiger wir reagieren, desto mehr spüren Kinder, dass sie einen Volltreffer gelandet haben. Besser ist, Sie überhören

Von Vier-, Fünf- und Sechsjährigen erwartet man, dass sie sich anständig benehmen. Was aber gutes Benehmen bedeutet, darüber gibt es in jeder Familie andere Auffassungen. Bei Meiers gibt man sich zur Begrüßung die Hand – total überflüssig, finden Müllers, die nur auf ein freundliches »Guten Tag!« oder »Hallo!« Wert legen. Wie auch immer, einen Gruß zu erwidern oder sich freundlich zu verabschieden, ist eine Art, dem anderen Aufmerksamkeit zu schenken. Keine leichte Übung für Vierjährige. Sie können sich kaum in andere hineinversetzen oder verstehen, dass die Nachbarin sich freut, wenn man guten Tag sagt. Ein freundliches Vorbild verhilft Eltern zu schöneren Erfolgen als Drill.

Ob sie jemanden küssen wollen oder nicht, wissen Kinder ganz genau. Da soll man ihnen nicht reinreden. Sie müssen sich auch nicht von jedem knuddeln und abknutschen lassen, dem der Sinn danach steht. Bestärken Sie Ihr Kind darin!

Ignorieren Sie »Hornochse und Co.« oder verbieten Sie diese kurz und knapp.

diese Sprüche und geben so zu verstehen: Ich interessiere mich nicht für solche Ausdrücke. Wenn das nicht hilft, machen Sie deutlich: Ich verstehe, dass solche Worte Spaß machen. Das war bei uns damals auch nicht anders. Aber in der Familie will ich sie trotzdem nicht mehr hören. Setzen Sie Grenzen, wenn Ihr Kind Sie mit verletzenden Ausdrücken belegt: »Ich will nicht, dass du so etwas zu mir sagst!« Machen Sie aber keine große Sache daraus: Kurz und knapp kommt besser an als lange Erklärungen.

Höflich geht's leichter!

■ Wenn ganz kleine Kinder nicht reagieren, wenn sie angesprochen werden, oder sich für Geschenke nicht bedanken, mag das hingenommen werden.

Sag danke!

■ Wenn Philipp beim Eierkauf auf dem Wochenmarkt glückstrahlend seine drei Bonbons in Empfang nimmt, vergisst er meistens das Dankeschön. Das macht Mama, stellvertretend. Irgendwann springt der Funke über. Dass man sich bedankt, wenn einem Gutes widerfährt, versteht ein Kind besonders gut, wenn sich Eltern auch bei ihm bedanken – fürs Aufräumen oder seine Hilfe beim Spülen. Bedanken kann man sich auch,

Wenn Kinder höflich mit anderen Menschen umgehen sollen, verspricht das eigene Vorbild Erfolg.

ohne große Freude heucheln zu müssen, wenn zum Beispiel Oma es gut gemeint, aber leider nicht das Richtige gefunden hat.

Iss anständig!

■ Mit Messer und Gabel sind sogar Fünfjährige manchmal überfordert. Auch ein Drei-Gänge-Menü schweigend und stillsitzend zu überstehen, verlangt zuviel. Aber einen gewissen Respekt vor der Mühe, die sich die Köchin gegeben hat, kann man erwarten. Jede Familie findet ihre eigenen Regeln: Man muss nicht essen, was auf den Tisch kommt, darf aber auch nicht lauthals »Bääähh!« schreien, wenn es nicht schmeckt. Schön ist auch der Brauch, dass man nicht essen muss, wohl aber kosten. Kaum ein Zappelphilipp kann stillsitzen, bis die Eltern aufgegessen haben. Aber wer aufsteht, ist auch fertig mit dem Essen! Sind mehrere Kinder am Tisch, ist die Regel »Kinder warten auf Kinder« praktisch, damit wenigstens ein bisschen Ruhe einkehrt.

Die »Benimmregeln« für den Tisch sollte jede Familie für sich selbst bestimmen – wichtig sind einigermaßen ruhige und gemeinsame Mahlzeiten.

»Du« oder »Sie«?

■ Fremde zu siezen, ist für Vierjährige schwer und auch für Fünf- oder Sechsjährige noch ungewohnt. Die Anrede »Sie« verlangt eine komplizierte Grammatik. »Herr Meier, hast du meine Mama gesehen?«, erfüllt den gleichen Zweck. Mit »Onkel«, »Tante« oder »Oma« sollte Ihr Kind nur die Verwandten anreden. Papas Freund vom Fußballverein kann doch für Paul einfach »Klaus« sein, die nette Nachbarin heißt für alle Welt Frau Krause. Warum nicht für ein Kind?

Niemand ist vollkommen…

■ … auch die Vorbilder nicht. Wenn sich bei kleinen Kindern das Gewissen zu regen beginnt, müssen Eltern über ihre eigenen Werte nachdenken – und über ihr Verhalten. Mithilfe klarer Grenzen wachsen Haltungen und Werte, die als Richtschnur taugen und das Kind selbstständiger und unabhängiger machen.

Deshalb wird jeder Vater, der seinem Ärger laut und deutlich Luft gemacht hat, sich nach dem »Sch…!« auf die Zunge beißen – wenn er kurz vorher seiner kleinen Tochter erklärt hat, dass er dieses Wort von ihr nicht hören will. Eltern wollen Vorbild sein, aber immer wieder müssen sie sich eingestehen, dass sie nicht fehlerfrei sind. Darüber in quälende Selbstzweifel zu verfallen, raubt eine Menge Energie. Sich Fehler zu gestatten, ermöglicht dagegen mehr Gelassenheit und gibt Kraft. Überlegen Sie lieber noch einmal ganz genau, bevor Sie sich einreden, mal wieder auf ganzer Linie versagt zu haben: Was können Sie anerkanntermaßen besonders gut? Tun Sie mehr von dem, was Sie gut können. Wer immer nur seine Fehler sieht, fördert zu wenig seine guten Seiten.

Auch Kinder sind nicht vollkommen – und oft ganz anders, als wir uns das vorgestellt haben. Da haben sich die Eltern immer einen mutigen, flinken Draufgänger gewünscht – und dann einen nachdenklichen, ängstlichen

Ein festes Abendritual reduziert Streit

Sohn zu Hause. Die eigene Tochter sollte freundlich, anschmiegsam und hübsch sein. Jetzt müssen die Eltern mit einer zwar hübschen, aber eigensinnigen kleinen Kratzbürste zurechtkommen. Ein ideales Kind gibt es genauso wenig wie ideale Eltern. Und das ist auch gut so: Die Vorstellung perfekter Kinder und perfekter Eltern ist ebenso kalt wie unmenschlich. Perfekte Eltern sind unnahbar für ihre Kinder, die doch Tag für Tag mit ihren eigenen Unzulänglichkeiten zurechtkommen müssen. Eltern mit Fehlern sind ihren Kindern näher. Wenn das Bild, das Eltern sich von ihrem Kind machen, dazu führt, dass sie ständig herumnörgeln, wird ein Kind nur verunsichert, gehemmt oder aufsässig. Es verliert an Selbstvertrauen.

Nichts ist schlimmer für ein Kind als das Gefühl, so, wie es ist, nicht gemocht zu werden. Jeder Mensch hat seine eigene Persönlichkeit, und es ist schlimm, wenn jemand anders sein soll, als er sein möchte oder kann. Vollkommen wird Ihr Kind so nicht – aber weniger glücklich. Gut, verglichen mit dem Bengel von nebenan ist Ihr Kleiner ein bisschen schüchtern. Aber dafür ist er hilfsbereit, pfiffig und zärtlich. Lassen Sie sich auf Ihr Kind ein und versuchen Sie, ihm nahe genug zu sein, um es verstehen zu können. Vielleicht fällt es Ihnen dann leichter, gute Eigenschaften zu entdecken und zu unterstützen. <<<

Weder Sie noch Ihre Kinder sind perfekt – wenn Sie das akzeptieren, wird das Leben leichter!

Service

Zum Weiterlesen

Für Eltern:

■ **Jesper Juul:**
Das kompetente Kind
Rowohlt Verlag
Reinbek bei Hamburg 2003
Der dänische Kinderpsychologe schafft es wie kaum ein zweiter, Eltern die Augen zu öffnen, damit sie hinter dem bockigen, tobenden und widerspenstigen Kind den enttäuschten Mitarbeiter, den zutiefst loyalen und aus freien Stücken kooperierenden kleinen Menschen erkennen können. Ein absolutes Muss für das Bücherregal von Rat suchenden Eltern.

■ **Jesper Juul:**
Was Familien trägt. Werte in Erziehung und Partnerschaft
Beltz Verlag
Weinheim 2008
Jesper Juul setzt dem allgemeinen Lamento über den Werteverfall in der Gesellschaft vier Säulen für einen wertvollen Umgang miteinander entgegen: Gleichwürdigkeit, Integrität, Authentizität und Verantwortung. Das Credo seines großen Bucherfolgs »Das kompetente Kind« durchzieht auch diese Seiten: Kinder sind nie wertvoller für ihre Eltern, als wenn sie schwierig werden.

■ **Frank Furedi:**
Die Elternparanoia. Warum Kinder mutige Eltern brauchen
Deutscher Taschenbuch Verlag
München 2004
Ein nachdenkliches, sogar brillantes Buch über einen Erziehungsstil, der so tut, als wäre es eine komplizierte und gefährliche Wissenschaft, ein Kind großzuziehen. Wenn Eltern nur wieder lernten, ihren natürlichen Fähigkeiten und eigenen Urteilen zu vertrauen, wäre schon viel gewonnen – echte »helpware« für Erwachsene im Erziehungsstress.

■ **Eva Kessler**
Von der Kunst, liebevoll zu erziehen. Sinnvoll Grenzen setzen und gute Laune bewahren
Verlag C.H. Beck
München 2007
Die Autorin hat in diesem Buch Erfahrungen aus ihrer Tätigkeit als Erziehungs- und Familienberaterin und Supervisorin gebündelt. Sie beschreibt praxisnah, wie Eltern lernen können, klare Grenzen zu setzen und in Vertrauen, Liebe und Anerkennung als Begleiter mit ihren Kindern zu leben.

■ **Rudolf Dreikurs / Loren Grey:**
Kinder lernen aus den Folgen. Wie man sich Schimpfen und Strafen sparen kann
Verlag Herder
Freiburg 2008
Der erfahrene Kinderpsychologe enthüllt hier leicht verständlich, amüsant und gnadenlos genau, was eigentlich dahinter steckt, wenn Kinder nicht auf ihre Eltern hören und nur noch nerven. Und er verrät auch, was Eltern dagegen tun können, wenn ihre Kinder sich absolut unmöglich aufführen. Ein kluges, überzeugendes Plädoyer für Vernunft, Vertrauen und Verantwortung.

■ **Klaus Hurrelmann / Gerlinde Unverzagt:**
Kinder stark machen für das Leben. Herzenswärme, Freiräume und klare Regeln
Verlag Herder
Freiburg 2008
Das magische Dreieck – Herzenswärme, Freiräume, klare Regeln: Damit können Eltern Kindern genügend Selbstsicherheit und Selbstständigkeit mitgeben, um sich in einem Alltag zu behaupten, in dem Aggression und Gewalt zur Tagesordnung gehören. Ein hilfreiches Buch, das Eltern Sicherheit gibt und Perspektiven zeigt.

■ **Julia Rogge:**
Den Alltag in den Griff bekommen. Familien-Management
Deutscher Taschenbuch Verlag
München 2002
Neben der Liebe zählt in der Familie die Logistik: Mit unbefangen prüfendem Blick hat Julia Rogge Managementstrategien zusammengetragen, die im Familienalltag hoch tauglich sein können. Vorschläge, Informationen, Planungshilfen und Tipps, um die Arbeit im Unternehmen Familie zielstrebig vorzubereiten und effektiv zu erledigen – damit die Liebe Raum gewinnt.

■ **Elternbriefe**
Die Elternbriefe, insgesamt 46 Stück, begleiten Sie von der Geburt bis zum achten Geburtstag Ihres Kindes. Hier finden Sie passgenau auf die Schwierigkeiten jeden Alters zugeschnitten Informationen und Unterstützung für den Alltag.

Sie können die Elternbriefe, die jährlich aktualisiert werden, postalisch über den Arbeitskreis neue Erziehung e.V. beziehen. In einigen Städten werden die Elternbriefe kostenlos verschickt. Dies können Sie bei dem für Sie zuständigen Jugendamt erfahren.

Arbeitskreis Neue Erziehung e.V.
Boppstraße 10
10967 Berlin
Tel.: 030 / 2590060
E-Mail: ane@ane.de

Auf der Internetseite www.ane.de finden Sie die Elternbriefe in der Fassung von 2001.

Service

Informations- und Beratungsmöglichkeiten

**Elternkurse:
Erziehungskompetenz stärken**

Elternkurse wenden sich an Eltern mit Kindern jeden Alters. Ihr Ziel ist es, Mütter und Väter bei ihrer Erziehungsarbeit zu unterstützen. Praktische Übungen, Wissensvermittlung, Austausch mit anderen Eltern und Selbsterfahrung stehen bei den Kursen auf dem Programm. Elternkurse sind nicht nur ein Angebot für Familien mit besonderen Problemen, sondern wenden sich an alle Väter und Mütter, die sich bewusst mit der Erziehung ihrer Kinder auseinander setzen möchten.

■ Starke Eltern – starke Kinder

Ein Elternkurs zu gewaltfreier Erziehung und einer Konfliktbewältigung ohne Niederlagen.

Deutscher Kinderschutzbund Bundesverband e.V.
Hinüberstraße 8
30159 Hannover
Tel.: 0511 / 30485-0
E-Mail: info@dksb.de
www.kinderschutzbund.de
www.starkeeltern-starkekinder.de

■ Triple-P

Triple-P steht für »Positive Parenting Program«, also ein positives Erziehungsprogramm. Kurse und Materialien vermittelt das

PAG Institut für Psychologie
Nordstraße 22
48149 Münster
Tel.: 0251 / 518941
E-Mail: info@triplep.de
www.triplep.de

■ STEP-Elterntraining

»Systematic Training for Effective Parenting« basiert u.a. auf den Lehren von Rudolf Dreikurs. Der ursprünglich aus den USA stammende Kurs wird in Deutschland seit 2005 unter der Leitung von Professor Klaus Hurrelmann von der Universität Bielefeld durchgeführt.

InSTEP Elterntraining GbR
Kreuzbergstraße 84
40489 Düsseldorf
Tel.: 0211 / 2006870
www.instep-online.de

■ Gordon-Seminare

Die Inhalte dieser Seminare basieren auf den Aussagen von Thomas Gordon, dem Autor des Buches »Familienkonferenz«.

Gordon Training Deutschland Österreich Schweiz
Bonner Talweg 149
Tel.: 0228 / 225867
E-Mail: info@gordontraining.org
www.gordonmodell.de

■ Kess-erziehen

KESS steht für kooperativ, ermutigend, sozial, situationsorientiert und basiert auf den Ideen von Rudolf Dreikurs.

AKF – Arbeitsgemeinschaft für katholische Familienbildung e.V.
Mainzer Str. 47
53179 Bonn
Tel.: 0228 / 371877
E-Mail: info@akf-bonn.de
www.kess-erziehen.de

Wenn Sie Hilfe bei Erziehungsschwierigkeiten suchen:

■ Arbeitskreis Neue Erziehung

Boppstraße 10
10967 Berlin
Tel. 030/2590060
www.ane.de

■ Bundeskonferenz für Erziehungsberatung e.V.

Amalienstraße 6
90763 Fürth
Tel. 0911/977140
www.bke.de

■ Pro Familia e.V.

Stresemannallee 3
60569 Frankfurt/Main
Tel. 069/639002
www.profamilia.de

■ Arbeitsgemeinschaft für Erziehungshilfe e.V.

Osterstraße 27
30159 Hannover
Tel. 0511/3539913
www.afet-ev.de

■ Bundeselternrat

Görresstraße 13
53113 Bonn
Tel. 0228/2699263
www.bundeselternrat.de

■ Institut für professionelle Kommunikation

Heidemarie Götting
Motivations- und Persönlichkeitstraining, Erziehungsberatung, Coaching und Beratung für Eltern und Kinder
Schönfließer Straße 85
16548 Glienicke (bei Berlin)
Tel.: 033056/ 433135

Die Autorin

Gerlinde Unverzagt

Gerlinde Unverzagt ist freie Journalistin und Autorin zahlreicher Bücher zu den Themen Erziehung, Familie und Partnerschaft. Sie hat vier Kinder und lebt mit ihrer Familie in Berlin.

Mehr von und über Gerlinde Unverzagt können Sie lesen in „Supermuttis" (erschienen 2008 bei Droemer Knaur unter dem Pseudonym „Lotte Kühn") oder auf der Webseite der Autorin: www.gerlinde-unverzagt.de.

Impressum

»Warum Kinder Grenzen brauchen«
ist ein Sonderprodukt der Zeitschrift mobile und des Internetauftritts www.mobile-elternmagazin.de.

Alle Rechte vorbehalten – Printed in Germany
© Verlag Herder Freiburg im Breisgau 2009
www.herder.de

Titelfoto: Heidi Velten

Fotos Innenteil: S. 5, 13, 21, 45, 46, 51: Heidi Velten, Leutkirch-Ausnang
S. 6, 10, 17, 25, 26, 28, 35, 40: Albert Josef Schmidt, Freiburg
S. 19: Renata Osinksa, www.fotolia.com
S. 38: Monika Adamczyk, www.fotolia.com
S. 42: Iris Kaczmarczyk, www.irisblende.de
S. 52: Irina Fischer, www.fotolia.com
S. 57: Hallgerd, www.fotolia.com

Illustrationen: Eva Czerwenka

Layoutkonzept: Büro Magenta, Freiburg

Satz und Layout: Layoutsatz Kendlinger, Freiburg

Druck: Druckerei Himmer, Augsburg

Gedruckt auf chlorfrei gebleichtem Papier

ISBN: 978-3-451-00639-5